왕초보 탈출 영단어 **ABC** 시리즈의 특징

1 단어와 필수문장을 신속하게 습득한다 : 하루10분

바쁜 일상 속에서 영어의 기초를 다지고, 나아가 일상회화 및 비즈니스 회화까지 발돋움 할 수 있도록 단어마다 2개의 필수문장을 제공하여 회화 및 글쓰기에 도움이 될 수 있도록 하였다.

2 기초를 다지고자 하는 중고생과 성인들을 위한 단계별 학습 / 문장력 Up!

➔ **Level 1 왕초보 탈출 영단어** 영어를 처음부터 다시 한다는 마음으로 출발
➔ **Level 2 영단어 기본 다지기** 회화력 Up!
  1권에서 왕초보 딱지를 뗀 후, 읽기, 말하기, 쓰기의 중급실력 다지기
➔ **Level 3 영단어 기본 넘기기** 표현력 Up!
  영어기본의 마지막 단계! 영어의 자신감 되찾기 필수코스!

나에게 맞는 단계를 고르기가 쉽지 않았으나,
3권 시리즈를 통하여 1권기초 → 2권기본 → 3권중급으로 발전하는
자신을 발견할 수 있다.

또한 중고생의 기초학습과, 성인들의 읽기, 말하기, 쓰기에 필요한
필수 문장들을 제공하였다.

3 단어, 예문 학습을 위한 배려 – 주석, 풍부한 예문

예문의 주요단어에 *표로 주석을 달아 학습이 용이하며, 발음기호가 어려운 분들을 위한 [한글발음]을 곁들였다
또한 각 권600단어 1200문장의 풍부한 학습 분량을 단기간에 학습할 수 있도록 구성하였다.

4 메타학습법 – 시간절약, 장기기억

1일/5일 단위의 복습을 통해, 배운 단어를 기억하고, 학습 전 점검을 통해
시간을 절약하면서 효과적으로 학습할 수 있도록 하였다.

왕초보 탈출 영단어 **ABC**

영단어
기본 다지기 Level 2

회화력 UP
독해, 말하기, 글쓰기 필수단어

김 희 수 지음

MP3 수록 단어 MP3 제공

도서출판

왕초보 탈출 영단어 ABC

Level 2 영단어 기본 다지기

초판 1쇄 인쇄 | 2019년 11월 1일
초판 3쇄 발행 | 2023년 1월 2일

지은이 | 김회수
펴낸이 | 안대현
디자인 | 시대커뮤니티
펴낸곳 | 도서출판 풀잎
등 록 | 제2-4858호
주 소 | 서울시 중구 필동로 8길 61-16
전 화 | 02-2274-5445/6
팩 스 | 02-2268-3773

ISBN 979-11-85186-81-8 14740

• 이 도서의 국립중앙도서관 출판예정도서목록(CIP)은 서지정보유통지원시스템 홈페이지(http://seoji.nl.go.kr)와 국가자료공동목록시스템(http://www.nl.go.kr/kolisnet)에서 이용하실 수 있습니다.
  (CIP제어번호 : CIP2019042348)

왕초보 탈출 영단어 ABC

하루 **5~10분** 메타학습의 기적
나에게 맞는 영어교재? 고민 끝! 단계별 학습 가능!

Level 2
영단어 기본 다지기

- **Level 1** **왕초보 탈출 영단어** (600단어 2개월 완성)
  영어 초보딱지 떼기!
- **Level 2** **영단어기본 다지기** (600단어 2개월 완성)
  독해, 말하기, 글쓰기 필수단어
- **Level 3** **영단어기본 넘기기** (600단어 2개월 완성)
  영어기본의 마지막 코스! 비즈니스까지

김 희 수 지음

도서출판

이 책을 이용하시는 분들께…

단어는 영어의 생명! 단어 + 문장의 초 특급 프로젝트에 입문!
하셨습니다.

단어지식은 물론 회화, 편지, 비즈니스에 활용되는 문장들을 학습할 수 있습니다.

1 단어 매일 다양한 문장들을 접할 수 있도록 다양한 품사로 구성하고,
Self-evaluation에서는 가장 자주 쓰이는 의미 위주로 표기했습니다.

[단어배열]

Level 1 중후반에 어려운 단어(어렵지만 중요한) 한 두 개씩 넣었습니다.

Level 2 뒤로 갈수록 단계가 올라가지만, 지루하지 않도록 쉬운 단어도 함께~

Level 3 3권에도 쉬운 단어를 살짝 추가했습니다.

<u>예문에서 새로 등장하는 주요 단어들은 가급적 *로 표시했습니다.</u>

2 예문 회화, 편지, 비즈니스에 활용되는 표현들을 수록했습니다.
'tip', '*'를 참고하시고, 예문 속에 추가된 '*' 단어들도 알아두면
좋습니다.

[예1]

  Tip!

'by'의 여러 가지 뜻
①저자: by 사람이름 (~저)
②시간: by tomorrow (내일까지)
③교통수단: by bus (버스를 타고) 이 외에도 다양하게 쓰입니다.

[예2]

3권 Day21 Try to *work out ~   *work out: 운동하다
1권 Day5   History is my favorite *subject. *1-day46
          역사는 내가 좋아하는 *과목이다.

3 발음 표기

❖ 한글 표기는 참고만 하시고, 정확한 발음은 영어사전 및 MP3를 활용하시기 바랍니다.

❖ 한글로 표기하기 어려운 발음은 - '실제 발음'에 치중했습니다.

> F, R과L, Thank you의 Th발음, This의 Th발음 등의 표기
> * Thank you의 Th 발음 : [ㅆ]
> * This의 Th 발음: [ㄷ]
> * R발음: run : [런] / bird새: [버~드]
> * L발음: low : [ㄹ로우] lamp: [ㄹ램프] / bell: [벨]
> * F발음: free: [프리] / half: [해프]
> * 약한 모음: old: [오(올)드] open: [오우픈]
> 발음강세
> * [예] happy: [**해**피] 굵은 글자: 강한 발음, 작은 글자: 약한 발음

4 전체구성

메타인지 영단어 학습법 (Metacognitive Word Memory)

메타인지는 '높은 수준의 사고력' 및 '자신을 성찰하는 능력'을 뜻하며,

이것을 학습에 적용하면 '아는 것과 모르는 것을 구분하여 능률적인 학습이 되도록

하는 능력 '을 의미합니다.

1) **사전진단**(self-test)을 통하여 모르는 단어들을 미리 확인할 수 있습니다.

2) self test 페이지와 learn 페이지의 문장들을 통해 자연스럽게 단어를 익힙니다.

3) 하루 10단어씩 5일 후면 50개의 단어를 복습하게 되고,

복습페이지에서 기억이 나지 않는 단어들은 뒤 페이지에서 재확인이 가능합니다.

4) 마지막단계 - 퍼즐

최종적으로 배운 단어들을 퍼즐을 통해 점검할 수 있고,

퍼즐을 좋아하지 않는 분들은

self-evaluation(자기점검) 후 바로 다음 장으로 넘어가셔도 됩니다!

* **요약하자면** 학습구성은 사전진단 후(test) – 배우고(learn) – 복습하기(evaluation)입니다.

5 하루 5~10분의 투자로…

각 문장 안에서 단어들이 어떻게 쓰이는지 숙지하여

다양한 영어환경에 익숙해지시기를 바라며, 여러분의 건투를 빕니다!

메타인지 영단어 학습 Q&A
(Metacognitive Word Memory Q&A)

 Q 자! 이제 아는 단어와 모르는 단어를 어떻게 구분한다는 건가요?

 A 본격적으로 학습하기 전에 셀프 테스트(self-test)를 합니다. 학습 단어를 간단한 문장 속에 넣어 두었습니다. 학습자는 이 문장에서 사용된 단어의 뜻을 생각해보고, 아는 단어에만 √ 표시를 하는 거지요.

Q 단어를 모르면 문장에서 힌트를 얻는다……, 생각을 바꾸니까 그리 어려워 보이진 않네요.

A 네, 맞습니다. 이렇게 구성된 페이지의 순서에 따라 한 단계씩 밟아가면 됩니다. 학습에 대한 생각을 바꾸면 학습하는 방법과 태도가 달라집니다.

 Q 네 번째 페이지는 Self Evaluation? 이게 뭐지요?

 A 첫 페이지 Self Test가 학습하기 전에 아는 것과 모르는 것을 구분하기 위한 것이라면, 네 번째 페이지 Self Evaluation은 학습을 하고 나서 학습 결과를 평가해보기 위한 것입니다.

Q 앗, 여기 나온 문장, 어디서 많이 본 것 같은데요?

A 어디서 봤을까요?

네, 첫 페이지에 제시했던 바로 그 문장입니다. 이제 학습을 했으니 첫 페이지의 문장을 다시 보면서 배운 단어를 빈칸에 채워봅니다. 문장과 함께 익힌 단어는 기억 속에 잘 남게 됩니다.

Q 이렇게 학습하면 짧은 시간에 많이 공부할 수 있겠어요. 그럼 리뷰 페이지는 어떻게 학습하는 건가요?

A 5일동안 하루 10단어씩 50단어를 학습하게 되는데,

이때 Self Evaluation (자가진단)을 통해 복습이 이루어집니다.

Q 리뷰 첫 페이지에 영단어가 있고, 다음에는 퍼즐퀴즈가 있는데요? 이 영단어의 뜻은 어디에서 확인하죠?

A 네, Self Evaluation(복습진단)에서

기억이 나지 않는 단어에 표를 한 후, 퍼즐 다음 페이지에서 단어의 뜻을 즉시 확인할 수 있습니다. 이러한 방법으로 5일 단위로 효과적인 복습이 가능합니다.

왕초보 탈출 영단어 **ABC**
Level 2 영단어 기본 다지기

Contents

| 배열 (5일 단위) |

금주의 단어 확인 → 1일 학습 × 5일 → 금주단어 복습

| 1일 학습 구성 |

Self Test(아는단어 점검) → Learn(학습) → Self Evaluation(복습)

| Test |

금주의 단어 복습 → 퍼즐 → 정답 확인

Contents

왕초보 탈출 영단어 ABC

영단어
기본 다지기 Level 2

*Day
01 ~ 05

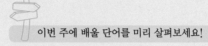
1 blood	11 voice	21 lake	31 paint	41 street
2 brush	12 stage	22 event	32 office	42 ticket
3 newspaper	13 screen	23 trip	33 enable	43 daughter
4 grandmother	14 glass	24 sign	34 engage	44 spring
5 bridge	15 doctor	25 belt	35 wing	45 driver
6 mix	16 without	26 anything	36 file	46 since
7 ride	17 anywhere	27 carry	37 once	47 truly
8 quite	18 empty	28 kick	38 above	48 anyway
9 maybe	19 every	29 later	39 interesting	49 serious
10 dark	20 wonderful	30 heavy	40 double	50 living

👉 **Self Test** : 뜻을 아는 단어에 ☑ 표시하세요.

☐ 1. **blood**

Could you write your *blood* type here?

☐ 2. **brush**

Brush the powder off your skin.

☐ 3. **newspaper**

I read a want ad in the *newspaper*.

☐ 4. **grandmother**

My *grandmother* brought me up.

☐ 5. **bridge**

This *bridge* will be open next week.

☐ 6. **mix**

Why did you *mix* up the files?

☐ 7. **ride**

Ride this boat to the island.

☐ 8. **quite**

It was *quite* a long time.

☐ 9. **maybe**

Maybe she will return home next month.

☐ 10. **dark**

I like the *dark* color better.

Learn : 모르는 단어 위주로 학습하세요

1. **blood** [blʌd] [블러드]

> 명피, 혈통
>
> We have different *blood* types.
> 우리는 혈액형이 다르다.

2. **brush** [brʌʃ] [브러쉬]

> 명빗 통솔질하다, 빗다
>
> Where is the *mirror? I need to *brush* my hair.
> 거울이 어디에 있죠? 머리를 빗어야 해요.   *2-Day28*

3. **newspaper** [njú:zpèipər] [뉴우즈페이퍼~]

> 명신문
>
> Today's *newspaper* was around here.
> 오늘 신문 이 근처에 있었는데…

4. **grandmother** [grǽndmʌðər] [그랜드마더~]

> 명할머니
>
> I looked after my *grandmother* for a month.
> 나는 할머니를 한 달 동안 돌봐드렸어요.

5. **bridge** [bridʒ] [브릳쥐]

> 명(건너는) 다리
>
> cross / build a *bridge*
> 다리를 건너다 / 건설하다

6. **mix** [miks] [믹 ㅆ]

　　동섞(이)다 명혼합

　　Now *mix* it with other vegetables.
　　이제 다른 채소들과 섞어 주세요.

7. **ride** [raid] [라이ㄷ]

　　동…을 타다 명타기, 탈것

　　Thank you for the *ride*.
　　태워주셔서 감사합니다.

8. **quite** [kwait] [콰잍ㅌ]

　　부꽤, 상당히

　　This story is *quite* *famous.
　　이 이야기는 꽤 유명합니다. *2-Day42

9. **maybe** [meibi] [메이비]

　　부아마, 어쩌면

　　Maybe it'll rain.
　　어쩌면 비가 올지도 모른다.

10. **dark** [da:rk] [다~ㅋ]

　　형어두운, 캄캄한 명어둠

　　Let's do it before it gets *dark*.
　　어두워지기 전에 합시다.

Self Evaluation : 빈칸에 알맞은 단어를 쓰세요.

1. Could you write your [   ] type here?
   혈액형을 적어주시겠어요?

2. [   ] the *powder off your *skin.   *1-Day18
   피부에 묻은 가루를 솔로 털어 주세요.

   *powder [páudər]
   : 가루

3. I read a *want ad in the [   ].
   신문에 난 *구인 광고를 읽었어요.

   *brought
   : bring의 과거,
   키우다

4. My [   ] *brought me up.
   할머니께서 나를 키워주셨다.

5. This [   ] will be open next week.
   이 다리는 다음 주에 개통될 것이다.

6. Why did you [   ] up the files?
   왜 파일들을 섞어 놓았어요?

7. [   ] this boat to the island.
   섬까지 이 배를 타고 가세요.

8. It was [   ] a long time.
   정말 오랜 시간이 걸렸어요.

9. [   ] she will return home next month.
   아마 그녀는 다음 달에 돌아올 것이다.

10. I like the [   ] color *better.
    어두운 색이 더 좋은데요.

    *better [bétər]
    : 더 나은

👉 Self Test : 뜻을 아는 단어에 ☑ 표시하세요.

- [ ] 1. **voice**
  I'm leaving you a *voice* message.

- [ ] 2. **stage**
  Our study is in its early *stage*s.

- [ ] 3. **screen**
  Put messages on the *screen*.

- [ ] 4. **glass**
  I left my *glass*es in the room.

- [ ] 5. **doctor**
  I'll call a *doctor*.

- [ ] 6. **without**
  He finished it *without* any trouble.

- [ ] 7. **anywhere**
  You can get it *anywhere* in this city.

- [ ] 8. **empty**
  Could you *empty* your locker?

- [ ] 9. **every**
  He visited his aunt *every* week.

- [ ] 10. **wonderful**
  His speech was *wonderful*.

Learn : 모르는 단어 위주로 학습하세요

1. **voice** [vɔis] [보이 쓰]

   명 목소리

   Could you lower your *voice*?
   목소리 좀 낮춰 주시겠어요?

2. **stage** [steidʒ] [스테이줘]

   명 단계, 무대

   He will be on the *stage* soon.
   그가 곧 무대에 나옵니다.

3. **screen** [skri:n] [스크리인]

   명 화면 동 가리다

   The monitor *screen* is not clear.
   모니터의 화면이 선명하지 않다.

4. **glass** [glæs] [글래 쓰]

   명 유리, 유리잔

   She *poured the water into the *glass*.
   그녀는 유리잔에 물을 부었다.   *2-Day42

5. **doctor** [dàktər] [닥터~]

   명 의사

   I need to go see a *doctor*.
   의사에게 진찰을 받으러 가야겠다.

6. **without** [wiðáut] [위다웉]

   전 …없이

   I can't do it *without* your help.
   당신의 도움 없이는 할 수 없어요.

7. **anywhere** [énihwɛər] [에니웨어~]

   부 어디에(든)

   I can't find my bag *anywhere*.
   내 가방이 어디에도 없어요.

8. **empty** [émpti] [엠ㅍ티]

   형 비어있는 동 …을 없애다

   The train is half *empty*.
   기차가 반은 비어 있다.

9. **every** [évri] [에브리]

   형 모든, ~마다

   Did you shut *every* window?
   창문 다 닫았어요?

10. **wonderful** [wʌ́ndərfəl] [원더~플]

   형 훌륭한

   You did a *wonderful* job.
   정말 잘 해냈군요.

Self Evaluation : 빈칸에 알맞은 단어를 쓰세요.

1. I'm leaving you a ☐☐☐☐ message.
   저의 음성 메일을 남깁니다.

2. Our study is in its early ☐☐☐☐s.
   우리의 연구는 초기 단계에 있습니다.

3. Put messages on the ☐☐☐☐ .
   화면에 문구를 넣어 보세요.

4. I *left my ☐☐☐☐es in the room.
   방에 안경을 두고 왔어요.   *1–Day56 leave의 과거

5. I'll call a ☐☐☐☐ .
   의사를 부르겠습니다.

6. He finished it ☐☐☐☐ any trouble.
   그는 아무 문제없이 일을 마쳤다.

7. You can get it ☐☐☐☐ in this city.
   이 도시에서 어디든지 그것을 구할 수 있다.

8. Could you ☐☐☐☐ your locker?
   사물함을 비워주시겠어요?

9. He visited his aunt *☐☐☐☐ week.
   그는 *매주 이모님 댁을 방문했다.

10. His speech was ☐☐☐☐ .
    그의 연설은 아주 훌륭했다.

Self Test : 뜻을 아는 단어에 ☑ 표시하세요.

☐ 1. **lake**
There is a villa by the *lake*.

☐ 2. **event**
There are no more *event*s this year!

☐ 3. **trip**
How was your *trip*?

☐ 4. **sign**
You will see a red *sign* on the top.

☐ 5. **belt**
Put on a white *belt* and a hat.

☐ 6. **anything**
You may take *anything* you like.

☐ 7. **carry**
Could you help me *carry* this box?

☐ 8. **kick**
The boys are *kick*ing a ball on the ground.

☐ 9. **later**
Two years *later*, he became a singer.

☐ 10. **heavy**
The cars are slow in *heavy* snow.

Learn : 모르는 단어 위주로 학습하세요

1. **lake** [leik] [ㄹ레잌]

명 호수

The *lake* is only 2 kilometers away.
호수는 2킬로미터 떨어진 곳에 있습니다.

2. **event** [ivent] [이벤ㅌ]

명 사건, 행사

A big *event* will be held in July.
7월에 큰 행사가 열릴 것이다.

3. **trip** [trip] [트맆]

명 여행

We will take a *trip* to Jeju this summer.
이번 여름에는 제주도로 여행을 갈 것입니다.

4. **sign** [sain] [싸인]

명 신호, 간판 통 서명하다

The weather shows no *sign* of rain.
비가 올 징조가 없다.

5. **belt** [belt] [벨ㅌ]

명 (허리)띠, 벨트

Your *belt* goes well with your jacket.
벨트가 상의와 잘 어울린다.

6. **anything** [éniθìŋ] [애니씽]

대 무엇(이든)

Is there *anything* *missing?
뭐 빠뜨린 것 있나요?

> *missing [mísiŋ]
> : 놓친,없어진

7. **carry** [kǽri] [케어~리]

동 나르다, 휴대하다

It's easy to *carry* in a bag.
이것은 가방에 넣고 가지고 다니기가 용이하다.

8. **kick** [kik] [킥]

동 (발로) 차다 명 차기

He finally *kick*ed a goal.
그가 마침내 한 골을 차서 넣었다.

9. **later** [léitər] [ㄹ레이터~]

부 나중에 형 나중의

I'll visit you *later* again.
나중에 다시 방문 드리겠습니다.

10. **heavy** [hévi] [해비]

형 무거운, 심한

My legs feel *heavy*. / My head feels ~.
다리가 / 머리가 무겁다.

Self Evaluation : 빈칸에 알맞은 단어를 쓰세요.

1. There is a *villa by the 　　　　　 .
   호숫가에 *별장이 하나 있다.

2. There are no more 　　　　　 s this year!
   더 이상의 행사는 없습니다!

3. How was your 　　　　　 ?
   여행은 어떠셨어요?

4. You will see a red 　　　　　 on the top.
   위쪽에 빨간 간판이 보일 거예요.

5. Put on a white 　　　　　 and a hat.
   흰색 벨트와 모자를 착용해 보세요.

6. You may take 　　　　　 you like.
   무엇이든 마음에 드는 것을 가져도 됩니다.

7. Could you help me 　　　　　 this box?
   이 상자를 들도록 도와주시겠어요?

8. The boys are 　　　　　 ing a ball on the ground.
   소년들이 운동장에서 공을 차고 있다.

9. Two years 　　　　　 , he became a singer.
   2년 후, 그는 가수가 되었다.

10. The cars are slow in 　　　　　 snow.
    폭설로 차들이 서행하고 있다.

☞ **Self Test** : 뜻을 아는 단어에 ☑ 표시하세요.

□ 1. **paint**
   Could you help me *paint* the roof?

□ 2. **office**
   She walks to her *office*.

□ 3. **enable**
   It *enable*s us to easily find errors.

□ 4. **engage**
   I want to *engage* with nice people.

□ 5. **wing**
   I watched the angel *wing*s on the wall.

□ 6. **file**
   My *file*s were recovered.

□ 7. **once**
   He feeds the fish *once* a day.

□ 8. **above**
   The light *above* the table is off.

□ 9. **interesting**
   Her idea sounds *interesting*.

□ 10. **double**
   I paid *double* to buy a ticket.

📖 **Learn** : 모르는 단어 위주로 학습하세요

1. **paint** [peint] [페인트]

명물감 동색칠하다, 그리다

The wall is *paint*ed blue.
벽은 파란색으로 칠해져 있다.

2. **office** [ɔ́ːfis] [오피쓰]

명사무실

Could you drop by my *office*?
내 사무실에 들르시겠어요?

3. **enable** [inéibl] [이네이블]

동…을 할 수 있게 하다

The *system *enable*s quick service. *2-Day16
이 시스템은 빠른 서비스를 가능하게 한다.

4. **engage** [ingéidʒ] [인게이쥐]

동관계를 맺다, 종사하다(시키다)

She is *engage*d in advertising.
그녀는 광고업에 종사하고 있다.

5. **wing** [wiŋ] [윙]

명날개

*Spread your *wing*s and fly!
날개를 펴고 날아라!

✎ *spread [spred]
: 펴다

6. **file** [fail] [파일]

⑱서류철 ⑧보관하다

Could you *label each *file*?
각 파일에 *꼬리표를 붙여 주시겠어요?

7. **once** [wʌns] [원 쓰]

⑲한 번(때) ㉕…하자마자

My uncle was *once* a painter.
나의 삼촌은 한 때 화가였다.

8. **above** [əbʌ́v] [어법]

㉕…보다 위에 ⑲위로(에)

The items are listed *above*.
품목들은 위에 열거되어 있다.

9. **interesting** [íntərəstiŋ] [인터레스팅]

⑱흥미로운, 관심을 끄는

This *scene is quite *interesting*.
이 *징면이 꽤 **흥미롭습니다**. ⇒9-Day.3d

> *scene [si:n]
> · 장면

10. **double** [dʌ́bl] [더블]

⑱⑲⑲두 배(의)(로) ⑧두 배로 만들다

He paid *double* for the service.
그는 서비스에 대하여 두배로 돈을 지불했다.

/ **Self Evaluation** : 빈칸에 알맞은 단어를 쓰세요.

1. Could you help me [   ] the roof?
   지붕을 **칠하려고** 하는데 도와주시겠어요?

2. She walks to her [   ].
   그녀는 걸어서 **사무실로** 출근한다.

3. It [   ]s us to easily find errors.
   이것은 오류를 쉽게 찾아내**도록 해 준다.**

4. I want to [   ] with nice people.
   좋은 사람들과 **관계를 맺고** 싶다.

5. I watched the angel [   ]s on the wall.
   벽에 그려진 천사의 **날개를** 한참 보았다.

6. My [   ]s were *recovered.   *2-Day58
   내 (컴퓨터)**파일들이** 복구되었다.

7. He feeds the fish [   ] a day.
   그는 하루 **한 번** 물고기에게 먹이를 준다.

8. The light [   ] the table is off.
   탁자 **위의** 등이 꺼져 있다.

9. Her idea sounds [   ].
   그녀의 생각이 **흥미롭게** 들린다

10. I paid [   ] to buy a ticket.
    나는 표 구입에 돈을 **두 배** 지불했다.

☞ Self Test : 뜻을 아는 단어에 ☑ 표시하세요.

☐ 1. **street**
   The main *street* is busy.

☐ 2. **ticket**
   Did you get a *ticket*?

☐ 3. **daughter**
   My *daughter* is back from India.

☐ 4. **spring**
   The hot *spring* is around here.

☐ 5. **driver**
   The *driver* got a speeding ticket.

☐ 6. **since**
   It has snowed *since* last night.

☐ 7. **truly**
   Her works are *truly* touching.

☐ 8. **anyway**
   It won't be long *anyway*.

☐ 9. **serious**
   It's a *serious* loss for us.

☐ 10. **living**
   What do you do for a *living*?

Day
5

Learn : 모르는 단어 위주로 학습하세요

1. **street** [striːt] [스트릿]

　　명거리, 도로

　　There is no shortcut to the main *street*.
　　큰 길까지 지름길은 따로 없습니다.

2. **ticket** [tíkit] [티킷]

　　명표(입장권, 승차권, 복권 등)

　　a return (one way) *ticket*
　　왕복(편도) 차표

3. **daughter** [dɔ́ːtər] [도오터~]

　　명딸

　　My *daughter* is *talented in music.
　　내 딸이 음악에 재능이 있습니다.

> *talented [tǽləntid]
> : 재능있는

4. **spring** [spriŋ] [스프링]

　　명봄, 용수철, 샘 동(갑자기) 뛰어오르다

　　Spring is my favorite season.
　　봄은 내가 가장 좋아하는 계절이다.

5. **driver** [dráivər] [드라이버~]

　　명운전자

　　The *driver* is parking his car.
　　운전자가 주차하고 있다.

6. since [sins] [씬쓰]

전 …부터(이후) 부접 그 이후로

It's a long time *since* I saw you last.
오랜만입니다. (지난번 이후 오랜만에 뵙니다.)

7. truly [trú:li] [츠루울리]

부 진심으로

I *truly* hope there is no problem.
아무 문제가 없기를 **진심으로** 바란다.

8. anyway [éniwèi] [에니웨이]

부 게다가, 어쨌든

The shirt is expensive *anyway*.
어쨌든 그 셔츠는 비싸요.

9. serious [síəriəs] [씨어리어쓰]

형 심각한, 진지한

Jimmy got a *serious* injury.
지미는 **심각한** 부상을 입었다.

10. living [líviŋ] [ㄹ리빙]

형 살아있는 명 생활, 생계

The robot looks like a *living* human.
그 로봇은 **살아있는** 사람처럼 보인다.

Self Evaluation : 빈칸에 알맞은 단어를 쓰세요.

1. The main ⬚⬚⬚⬚⬚ is busy.
   큰 거리는 혼잡하다.

2. Did you get a ⬚⬚⬚⬚⬚ ?
   표를 구하셨습니까?

3. My ⬚⬚⬚⬚⬚ is back from India.
   내 딸이 인도에서 돌아왔습니다.

4. The hot ⬚⬚⬚⬚⬚ is around here.
   온천이 이 근처에 있습니다.

5. The ⬚⬚⬚⬚⬚ got a speeding *ticket.
   그 운전자는 속도위반*딱지를 받았다.

6. It has snowed ⬚⬚⬚⬚⬚ last night.
   어젯밤부터 눈이 왔다.

7. Her works are ⬚⬚⬚⬚⬚ *touching. *1-Day29
   그녀의 작품들은 진실로 감동적이다.

8. It *won't be long ⬚⬚⬚⬚⬚ . *1-Day6
   어쨌든 오래 걸리진 않을 거예요.

9. It's a ⬚⬚⬚⬚⬚ *loss for us. *2-Day7
   그것은 우리에게 심각한 손실입니다.

10. What do you do for a ⬚⬚⬚⬚⬚ ?
    (생계수단으로)무슨 일을 하십니까?

☀ Self Evaluation : 뜻을 아는 단어에 ☑ 표시하세요.

☐ 1 blood	☐ 18 empty	☐ 35 wing
☐ 2 brush	☐ 19 every	☐ 36 file
☐ 3 newspaper	☐ 20 wonderful	☐ 37 once
☐ 4 grandmother	☐ 21 lake	☐ 38 above
☐ 5 bridge	☐ 22 event	☐ 39 interesting
☐ 6 mix	☐ 23 trip	☐ 40 double
☐ 7 ride	☐ 24 sign	☐ 41 street
☐ 8 quite	☐ 25 belt	☐ 42 ticket
☐ 9 maybe	☐ 26 anything	☐ 43 daughter
☐ 10 dark	☐ 27 carry	☐ 44 spring
☐ 11 voice	☐ 28 kick	☐ 45 driver
☐ 12 stage	☐ 29 later	☐ 46 since
☐ 13 screen	☐ 30 heavy	☐ 47 truly
☐ 14 glass	☐ 31 paint	☐ 48 anyway
☐ 15 doctor	☐ 32 office	☐ 49 serious
☐ 16 without	☐ 33 enable	☐ 50 living
☐ 17 anywhere	☐ 34 engage	

Review
1

배운 단어를 얼마나 기억하세요? 정답은 36page 참조
• 맞은 갯수 30개 이하: 수고하셨어요. 한 번만 더 복습^^
• 맞은 갯수 30개 이상: OK! 어려운 단어 복습
• 맞은 갯수 40개 이상: Very Good!!

🔑 **Self Evaluation : 빈칸을 채워 보세요.**

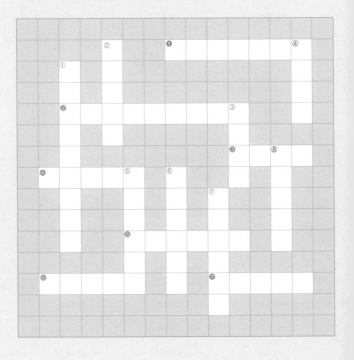

[세로열쇠]
① newspaper ② paint ③ lake ④ trip ⑤ enable ⑥ office
⑦ engage ⑧ carry

[가로열쇠]
❶ without ❷ wonderful ❸ kick ❹ maybe ❺ bridge ❻ above ❼ glass

𝔔 [세로열쇠]

① I read a want ad in the ⬚ .

② Could you help me ⬚ the roof?

③ There is a villa by the ⬚ .

④ How was your ⬚ ?

⑤ It ⬚ s us to easily find errors.

⑥ She walks to her ⬚ .

⑦ I want to ⬚ with nice people.

⑧ Could you help me ⬚ this box?

═○ [가로열쇠]

❶ He finished it ⬚ any trouble.

❷ His speech was ⬚ .

❸ The boys are ⬚ ing a ball on the ground.

❹ ⬚ she will return home next month.

❺ This ⬚ will be open next week.

❻ The light ⬚ the table is off.

❼ I left my ⬚ es in the room.

☀ Self Evaluation : 뜻 해석

1 피	18 비어있는	35 날개
2 붓	19 모든	36 서류철
3 신문	20 훌륭한	37 한 번(때)
4 할머니	21 호수	38 …보다 위에
5 (건너는) 다리	22 사건, 행사	39 흥미로운, 관심을 끄는
6 섞(이)다	23 여행	40 두 배(의)
7 타다, 타기	24 징후, 신호	41 거리
8 꽤, 상당히	25 (허리)띠, 벨트	42 표
9 아마, 어쩌면	26 무엇(이든)	43 딸
10 어두운, 캄캄한	27 나르다, 휴대하다	44 봄, 용수철
11 목소리	28 (발로) 차다	45 운전자
12 단계, 무대	29 나중에(의)	46 …부터(이후)
13 화면	30 무거운	47 진심으로
14 유리(잔)	31 색칠하다	48 게다가, 어쨌든
15 의사	32 사무실	49 심각한
16 …없이	33 …을 할 수 있게 하다	50 살아있는, 생활
17 어디에(든)	34 관계를 맺다, 맺게 하다	

왕초보 탈출 영단어 **ABC**

영단어
기본 다지기 `Level 2`

*Day
06 ~ **10**

이번 주에 배울 단어를 미리 살펴보세요!

1 whoever	11 lesson	21 distance	31 muscle	41 death
2 bench	12 post	22 contact	32 minute	42 link
3 ice	13 loss	23 angle	33 shot	43 housing
4 pot	14 dot	24 effort	34 taste	44 weight
5 wave	15 something	25 stop	35 seem	45 drop
6 north	16 relax	26 enter	36 jump	46 burn
7 lose	17 fix	27 before	37 worry	47 pack
8 lift	18 yet	28 totally	38 impossible	48 within
9 hardly	19 known	29 final	39 difficult	49 helpful
10 near	20 basic	30 scared	40 perfectly	50 electronic

👉 **Self Test** : 뜻을 아는 단어에 ☑ 표시하세요.

☐ 1. **whoever**
I'll give a coupon to *whoever* wants it.

☐ 2. **bench**
Shall we sit on the *bench*?

☐ 3. **ice**
Put an *ice* pack on the leg.

☐ 4. **pot**
I need a big-sized *pot*.

☐ 5. **wave**
He *wave*d his cap and shouted.

☐ 6. **north**
The building is facing *north*.

☐ 7. **lose**
We have no time to *lose*.

☐ 8. **lift**
Could you please give me a *lift*?

☐ 9. **hardly**
I can *hardly* solve this problem.

☐ 10. **near**
I live *near* my office.

Learn : 모르는 단어 위주로 학습하세요

1. **whoever** [hu:évər] [후에버]

> 때 누구든지

Ask *whoever* is staying here.
이곳에서 지내고 있는 **누구에게나** 물어보십시오.

2. **bench** [bentʃ] [벤취]

> 명 긴 의자, 벤치

The players are waiting on the *bench*.
선수들이 **벤치**에서 대기하고 있다.

3. **ice** [ais] [아이쓰]

> 명 얼음

Could you get me some *ice* water?
얼음물 좀 주시겠어요?

4. **pot** [pat] [팥]

> 명 냄비, 항아리

Heat the oil in the *pot*.
냄비에 기름을 넣고 가열하세요.

5. **wave** [weiv] [웨이ㅂ]

> 명 파도 동 흔들다

The *wave*s are too strong to leave.
출발하기에는 **파도**가 너무 세다.

6. **north** [nɔ:rθ] [노오~씨]

> 명 형 부 북쪽(의, 에서, 으로)
>
> Go *north* along this street.
> 이 길을 따라 북쪽으로 가세요.

7. **lose** [lu:z] [ㄹ루우즈]

> 동 잃다, (시합에서)패하다
>
> He *lost* the match *on purpose.
> 그는 시합에서 일부러 져 주었다.

Tip!
*lost: 'lose'의 과거형
*on purpose: 고의로

8. **lift** [lift] [ㄹ맆트]

> 동 올리다 명 승강기, 타기
>
> I need to *lift* my package.
> 짐을 들어 올려야 해요.

9. **hardly** [hà:rdli] [하~들리]

> 부 거의 …아니다
>
> I can *hardly* wait for it.
> 정말 못 기다리겠어요.

10. **near** [niər] [니어~]

> 형 가까운 전 …에서 가까이
>
> People gathered *near* the speaker.
> 사람들이 연설자 근처로 모였다.

Self Evaluation : 빈칸에 알맞은 단어를 쓰세요.

1. I'll give a coupon to [_____] wants it.
   원하는 분 모두에게 쿠폰을 드리겠습니다.

2. Shall we sit on the [_____] ?
   우리 벤치에 앉을까요?

3. Put an [_____] pack on the leg.
   얼음주머니로 다리를 찜질해 주세요.

4. I need a big-sized [_____].
   나는 큰 냄비가 필요하다.

5. He [_____]d his cap and shouted.
   그는 모자를 흔들며 외쳤다.

6. The building is facing [_____].
   건물이 북향입니다.

7. We have no time to [_____].
   낭비할 시간이 없습니다.

8. Could you please give me a [_____] ?
   동승해도 될까요(태워 주시겠어요)?

9. I can [_____] solve this problem.
   난 이 문제를 도무지 풀지 못하겠어요.

10. I live [_____] my office.
    사무실 근처에서 살고 있습니다.

Self Test : 뜻을 아는 단어에 ☑ 표시하세요.

☐ 1. **lesson**
My swimming *lesson* ends at three.

☐ 2. **post**
I *post*ed the places on the board.

☐ 3. **loss**
I'm not afraid of a *loss*.

☐ 4. **dot**
Draw on the *dot*ted line.

☐ 5. **something**
I need *something* to write on.

☐ 6. **relax**
Have a day off and *relax*.

☐ 7. **fix**
He helped me *fix* the sink.

☐ 8. **yet**
My kids are not home *yet*.

☐ 9. **known**
He is *known* as a singer.

☐ 10. **basic**
We should keep the *basic* rules.

📖 **Learn** : 모르는 단어 위주로 학습하세요

1. **lesson** [lésn] [ㄹ레쓴]

   몡수업, 과, 교훈

   Today's *lesson* is about love.
   오늘의 수업은 사랑에 관한 것입니다.

2. **post** [poust] [포스트]

   몡우편, 기둥 통발송하다, 게시하다

   The *post* hasn't arrived yet.
   우편물이 아직 도착하지 않았다.

3. **loss** [lɔ:s] [ㄹ로ㅆ]

   몡손해, 상실

   Don't worry about the *data *loss*.   *1권-Day21
   *자료 손실은 걱정하지 마세요.

4. **dot** [dat] [닽]

   몡통점(을 찍다)

   I marked it with red *dot*s.
   빨간색 점으로 표시해 놓았습니다.

5. **something** [sʌ́mθiŋ] [썸씽]

   때어떤 것

   I need *something* lighter.
   좀 더 가벼운 것이 필요합니다.

6. **relax** [riláeks] [릴렉ㅆ]

통 휴식을 취하다, 긴장을 풀다

Please *relax* with nature.
자연과 더불어 **휴식하세요.**

7. **fix** [fiks] [픽ㅆ]

통 고정하다, 수리하다

They *fix*ed the rent at $400 a month.
그들은 집세를 월 400달러로 **정했다.**

8. **yet** [jet] [옡]

부 아직 접 그렇지만

Mr. Kim is not in *yet*.
미스터 김은 **아직** 출근하지 않았습니다.

9. **known** [noun] [노운]

형 알려진

a well *known* fashion designer
유명한 패션 디자이너

10. **basic** [béisik] [베이씩]

형 기본적인

Tell me your *basic* ideas.
당신의 **기본적인** 생각을 말씀해 주십시오.

✏ **Self Evaluation** : 빈칸에 알맞은 단어를 쓰세요.

1. My swimming 　　　　　 ends at three.
   수영 **강습**이 3시에 끝난다.

2. I 　　　　　 ed the places on the board.
   장소들을 게시판에 **게시했습니다.**

3. I'm not afraid of a 　　　　　 .
   손해 보는 것은 두렵지 않아요.

4. Draw on the 　　　　　 ted line.
   점선을 따라 그리세요.

   ✏ *dotted
   : 점이 찍힌 [dátid]

5. I need 　　　　　 to write on.
   적을 수 있는 (용지 같은)것이 필요합니다.

6. *Have a day off and 　　　　　 .
   하루 일터에 나가지 말고 **쉬세요.**

   ✏ *have a day off
   : 근무를 하루 쉬다

7. He helped me 　　　　　 the sink.
   그는 세면대 **고치는 것**을 도와주었다.

8. My kids are not home 　　　　　 .
   아이들이 **아직** 집에 오지 않았다.

9. He is 　　　　　 as a singer.
   그는 가수로 **알려져** 있다.

10. We should keep the 　　　　　 rules.
    우리는 **기본** 규칙들을 지켜야 합니다.

☞ **Self Test** : 뜻을 아는 단어에 ☑ 표시하세요.

□ 1. **distance**
They walked a long *distance* together.

□ 2. **contact**
Contact me by email anytime.

□ 3. **angle**
Let's look at this from a different *angle*.

□ 4. **effort**
Our *effort*s will pay off.

□ 5. **stop**
I *stop*ped by a bookstore for a moment.

□ 6. **enter**
She *enter*ed into a jump-rope contest.

□ 7. **before**
Drink this tea *before* it gets cold.

□ 8. **totally**
It *totally* slipped my mind.

□ 9. **final**
There is a concert on the *final* day.

□ 10. **scared**
I'm *scared* to go out at night.

Learn : 모르는 단어 위주로 학습하세요

1. **distance** [dístəns] [디스턴씨]

> 명 (공간, 시간상 떨어진)거리
>
> I heard a sound in the *distance*.
> 멀리서 어떤 소리를 들었다.

2. **contact** [kàntækt] [컨텍ㅌ]

> 명 동 연락, 접촉(하다)
>
> have (lost) *contact* with her
> 그녀와 연락하고 지낸다(연락이 끊겼다)

3. **angle** [ǽŋgl] [앵글]

> 명 각도
>
> Try to fix the camera *angle*.
> 카메라 앵글(각도)을 잡아보세요.

4. **effort** [éfərt] [에퍼~ㅌ]

> 명 노력
>
> All the *effort*s is for nothing.
> 모든 노력이 허사가 되었다.

5. **stop** [stap] [ㅅ탚]

> 동 멈추다 명 멈춤, 정류장
>
> Let's *stop* for a cup of coffee.
> 잠시 쉬고 커피 한 잔 합시다.

6. **enter** [éntər] [엔터~]

> 동들어가다, (컴퓨터로) 입력하다
>
> She *enter*ed a company last month.
> 그녀는 지난 달 입사했다.

7. **before** [bifɔ́:r] [비포~]

> 접…하기 전에 전부…의 앞에
>
> He left the hospital *before* 3 o'clock.
> 그는 3시 이전에 퇴원했다.

8. **totally** [tóutəli] [토틀리]

> 부완전히
>
> I *totally* agree with your idea.
> 당신 생각에 전적으로 동의합니다.

9. **final** [fáinl] [파이늘]

> 형마지막의
>
> She passed the *final* interview.
> 그녀는 최종 심사에 통과했다.

Day
8

10. **scared** [skɛərd] [스케어~드]

> 형겁먹은
>
> I am *scared* of the waves.
> 파도가 무서워요.

Self Evaluation : 빈칸에 알맞은 단어를 쓰세요.

1. They walked a long _____ together.
   그들은 함께 먼 거리를 걸었다.

2. _____ me by email anytime.
   이메일로 아무 때나 연락 주세요.

3. Let's look at this from a different _____ .
   다른 각도에서 한번 봅시다.

4. Our _____ s will *pay off.
   우리의 노력이 성과가 있을 것입니다.
   *pay off
   : 성과를 올리다

5. I _____ ped by a bookstore for a moment.
   서점에 잠깐 들렀어요.

6. She _____ ed into a jump-rope contest.
   그녀는 줄넘기 대회에 참가했다.

7. Drink this tea _____ it gets cold.
   식기 전에 차 드세요.

8. It _____ slipped my mind.
   완전히 깜박 잊어버렸다.

9. There is a concert on the _____ day.
   마지막 날에 연주회가 있다.

10. I'm _____ to go out at night.
    밤에 외출하는 것이 겁이 납니다.

☞ Self Test : 뜻을 아는 단어에 ☑ 표시하세요.

☐ 1. **muscle**

I've pulled my neck *muscle*s.

☐ 2. **minute**

I'll be ready in 5 *minute*s.

☐ 3. **shot**

You should get a flu *shot*.

☐ 4. **taste**

She has great *taste* in fashion.

☐ 5. **seem**

It *seem*s to be large on you.

☐ 6. **jump**

Jump at the chance!

☐ 7. **worry**

Don't *worry* about their demands.

☐ 8. **impossible**

It's *impossible* to do all at once.

☐ 9. **difficult**

It is *difficult* to explain at the moment.

☐ 10. **perfectly**

He carried it out *perfectly*.

Learn : 모르는 단어 위주로 학습하세요

1. **muscle** [mʌsl] [머쓸]

명 근육

* Warm up for your *muscle*s.
준비 운동으로 근육을 풀어주세요. *1-Day49

2. **minute** [mínit] [미닡]

명 (시간)분, 순간 형 극미한

I'll be right back in a *minute*.
금방 돌아올게요.

3. **shot** [ʃat] [샽]

명 발사, 촬영, 주사

Show me some *shot*s of the sample.
견본 사진들을 보여주세요.

> **Tip!**
> • 'shot'으로 말하기!
> – a nice dunk 'shot'
>   멋진 덩크 슛
> – He fired a 'shot'
>   그가 한 발을 쏘았다.
> – I got a 'shot'
>   주사를 맞았어요.

4. **taste** [teist] [테이스트]

명 맛, 기호 동 맛이 나다(을 보다)

It *taste*s (good / sour / salty).
맛이 (좋다 / 시다 / 짜다).

5. **seem** [si:m] [씨임]

동 …인 것 같다

He *seem*s *kind of open minded
그는 마음이 넓은 것 같다.

> *kind of:
> : 약간, 어느 정도

6. **jump** [dʒʌmp] [쩜 ㅍ]

　　통뛰다 명뜀질, 급상승(물가 등)

　　The cat *jump*ed over the fence.
　　고양이가 울타리를 뛰어 넘었다.

7. **worry** [wə́:ri] [워어리]

　　명동걱정(하다)

　　I'm *worri*ed about his health.
　　그의 건강이 염려됩니다.

8. **impossible** [impàsəbl] [임파쓰블]

　　형불가능한

　　This test is *impossible* to pass.
　　이번 시험은 통과하기가 불가능하다.

9. **difficult** [dífikʌlt] [디피컬ㅌ]

　　형어려운, 힘든

　　I don't want you to do *difficult* jobs.
　　당신이 힘든 일은 안 했으면 합니다.

10. **perfectly** [pə́:rfiktli] [퍼~픽틀리]

　　부완전히, 완벽하게

　　She *remembered the story *perfectly*.
　　그녀는 이야기를 완벽하게 외웠다.　　*1–Day40

Self Evaluation : 빈칸에 알맞은 단어를 쓰세요.

1. I've pulled my neck [   ]s.
   목 근육이 결린다.

2. I'll be ready in 5 [   ]s.
   5분이면 준비됩니다.

3. You should get a *flu [   ].
   *독감 예방 주사를 맞으세요.

4. She has great [   ] in fashion.
   그녀는 패션 감각이 좋습니다.

5. It [   ]s to be large on you.
   당신한테 좀 큰 것 같습니다.

6. [   ] at the chance!
   기회를 잡으세요!

7. Don't [   ] about their *demands.   *1-Day53
   그들의 요구에 대하여 걱정하지 마세요.

8. It's [   ] to do all at once.   *at the moment
   한 번에 모든 것을 다 하기는 불가능하다.   : 지금

9. It is [   ] to explain *at the moment.
   지금은 설명하기가 어렵다.

10. He *carried it out [   ].   *carry out
    그는 그 일을 완벽히 수행했다.   : 수행하다

☞ **Self Test** : 뜻을 아는 단어에 ☑ 표시하세요.

☐ 1. **death**
   He was never afraid of *death*.

☐ 2. **link**
   The railway will *link* these two cities.

☐ 3. **housing**
   The *housing* problem was solved.

☐ 4. **weight**
   try to maintain (my) *weight*

☐ 5. **drop**
   Drop me off at the library.

☐ 6. **burn**
   The wood is *burn*ing in the stove.

☐ 7. **pack**
   Could you *pack* these oranges?

☐ 8. **within**
   I can finish it *within* a half an hour.

☐ 9. **helpful**
   Your new idea is really *helpful*.

☐ 10. **electronic**
   Electronic devices are not allowed here.

Learn : 모르는 단어 위주로 학습하세요

1. **death** [deθ] [데쓰]

　　명 죽음

　　This book is about life after *death*.
　　이 책은 사후 세계에 관한 것이다.

2. **link** [liŋk] [ㄹ링ㅋ]

　　명 유대, 관계　통 …을 연결하다

　　Stress is closely *link*ed to our health.
　　스트레스는 건강과 밀접한 연관이 있다.

3. **housing** [háuziŋ] [하우징]

　　명 주택, 주거

　　provide *housing* / develop a *housing* site
　　주택을 공급하다 / 택지를 개발하다

4. **weight** [weit] [웨잍ㅌ]

　　명 무게, 추, 역기

　　I (put on / lost) *weight*.
　　체중이 (늘었다/줄었다).

5. **drop** [drap] [드랖]

　　통 떨어지다, 떨어뜨리다　명 방울, 하락

　　Oil prices haven't *drop*ped recently.
　　최근 유가는 하락하지 않았다.

6. **burn** [bəːrn] [버~언]

　　동 불에 타다, 태우다　명 화상

　　You got a sun *burn* on your arms.
　　당신의 팔이 햇볕에 탔어요.

7. **pack** [pæk] [팩]

　　동 (짐을)싸다, 포장하다　명 묶음

　　How much is a *pack* of cookies?
　　쿠키 한 봉지에 얼마입니까?

8. **within** [wiðín] [위딘]

　　전 이내에　부 안쪽에서

　　Bring it back *within* a week.
　　일주일 이내로 도로 가져오세요.

9. **helpful** [helpfl] [헬ㅍ풀]

　　형 도움이 되는

　　I'm looking for some *helpful* photos.
　　도움이 될 만한 사진들을 찾고 있어요.

10. **electronic** [ilektrànik] [일렉트라닉]

　　형 전자의

　　They sell *electronic* products, too.
　　그들은 전자제품도 판매합니다.

Day
10

✏️ **Self Evaluation** : 빈칸에 알맞은 단어를 쓰세요.

1. He was never afraid of [　　　　　].

   그는 결코 **죽음을** 두려워하지 않았다.

2. The railway will [　　　　　] these two cities.

   철도가 이 두 도시를 **연결할** 것이다.

3. The [　　　　　] problem was solved.

   주택문제는 해결되었다.

4. try to maintain (my) [　　　　　]

   체중을 유지하기 위해 노력하다.

5. [　　　　　] me off at the library.

   도서관 앞에서 저를 **내려 주세요.**

6. The wood is [　　　　　]ing in the stove.

   나무가 난로에서 **타오르고** 있다.

7. Could you [　　　　　] these oranges?

   이 오렌지들을 **포장해** 주시겠어요?

8. I can finish it [　　　　　] a half an hour.

   나는 그것을 30분 **이내에** 끝낼 수 있다.

9. Your new idea is really [　　　　　].

   당신의 새로운 아이디어가 정말 **도움이** 됩니다.

10. [　　　　　] devices are not allowed here.

    이곳에서는 **전자기기**(사용이)가 허용되지 않는다.

☀ Self Evaluation : 뜻을 아는 단어에 ☑ 표시하세요.

☐ 1 whoever	☐ 18 yet	☐ 35 seem
☐ 2 bench	☐ 19 known	☐ 36 jump
☐ 3 ice	☐ 20 basic	☐ 37 worry
☐ 4 pot	☐ 21 distance	☐ 38 impossible
☐ 5 wave	☐ 22 contact	☐ 39 difficult
☐ 6 north	☐ 23 angle	☐ 40 perfectly
☐ 7 lose	☐ 24 effort	☐ 41 death
☐ 8 lift	☐ 25 stop	☐ 42 link
☐ 9 hardly	☐ 26 enter	☐ 43 housing
☐ 10 near	☐ 27 before	☐ 44 weight
☐ 11 lesson	☐ 28 totally	☐ 45 drop
☐ 12 post	☐ 29 final	☐ 46 burn
☐ 13 loss	☐ 30 scared	☐ 47 pack
☐ 14 dot	☐ 31 muscle	☐ 48 within
☐ 15 something	☐ 32 minute	☐ 49 helpful
☐ 16 relax	☐ 33 shot	☐ 50 electronic
☐ 17 fix	☐ 34 taste	

배운 단어를 얼마나 기억하세요? 정답은 62page 참조
• 맞은 갯수 30개 이하: 수고하셨어요. 한 번만 더 복습^^
• 맞은 갯수 30개 이상: OK! 어려운 단어 복습
• 맞은 갯수 40개 이상: Very Good!!

🔑 Self Evaluation : 빈칸을 채워 보세요.

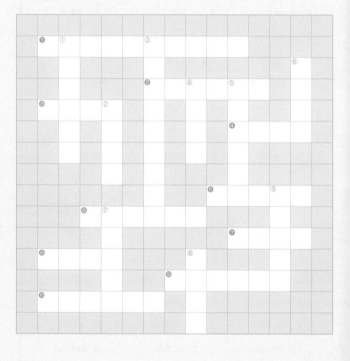

[가로열쇠]
①impossible ②muscle ③jump ④stop ⑤known ⑥weight ⑦burn
⑧post ⑨hardly ⑩scared

[세로열쇠]
①minute ②pack ③something ④shot ⑤lesson ⑥drop ⑦enter
⑧wave ⑨worry

⚲ [세로열쇠]

① I'll be ready in 5 [_____]s.

② Could you [_____] these oranges?

③ I need [_____] to write on.

④ You should get a flu [_____].

⑤ My swimming [_____] ends at three.

⑥ [_____] me off at the library.

⑦ She [_____]ed into a jump-rope contest.

⑧ The [_____]s are too strong to leave today.

⑨ Don't [_____] about their demands.

⚮ [가로열쇠]

❶ It's [_____] to do all at once.

❷ I've pulled my neck [_____]s.

❸ [_____] at the chance.

❹ I [_____]ped by a bookstore for a moment.

❺ He is [_____] as a singer.

❻ try to maintain (my) [_____]

❼ The wood is [_____]ing in the stove.

❽ I [_____]ed the places on the board.

❾ I can [_____] solve this problem.

❿ I'm [_____] to go out at night.

☀ Self Evaluation : 뜻 해석

1 누구든지	18 아직	35 …인 것 같다
2 긴 의자, 벤치	19 알려진	36 뛰다, 급상승
3 얼음	20 기본적인	37 걱정하다
4 냄비, 항아리	21 거리	38 불가능한
5 파도	22 연락, 접촉(하다)	39 어려운, 힘든
6 북쪽	23 각도	40 완전히, 완벽하게
7 잃다, 패하다	24 노력	41 죽음
8 올리다, 타기	25 멈추다, 멈춤	42 유대, 관계
9 거의 …아니다	26 들어가다	43 주택, 주거
10 가까운	27 …하기 전에	44 무게
11 수업, 과	28 완전히	45 떨어지다
12 우편, 게시하다	29 마지막의	46 불에 타다, 태우다
13 손해, 상실	30 겁먹은	47 (짐을)싸다, 포장하다
14 점(을 찍다)	31 근육	48 이내에
15 어떤 것	32 (시간)분, 순간	49 도움이 되는
16 휴식을 취하다, 긴장을 풀다	33 발사, 촬영, 주사	50 전자의
17 고정하다, 고치다	34 맛[이 나다], 기호	

왕초보 탈출 영단어 **ABC**

영단어
기본 다지기 　Level 2

*Day
11 ~ **15**

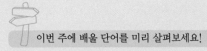

1 perform	11 finish	21 bear	31 walk	41 pick
2 support	12 identify	22 continue	32 build	42 believe
3 direction	13 rock	23 wash	33 scale	43 room
4 strategy	14 salt	24 goal	34 firm	44 article
5 technology	15 university	25 purpose	35 income	45 department
6 truth	16 feature	26 question	36 profit	46 difference
7 constantly	17 head	27 growth	37 immediately	47 road
8 sell	18 material	28 soon	38 properly	48 cycle
9 positive	19 finally	29 ahead	39 secure	49 relative
10 correct	20 creative	30 glad	40 sharp	50 adventure

👉 **Self Test** : 뜻을 아는 단어에 ☑ 표시하세요.

□ 1. **perform**

   perform one's duty/a task

□ 2. **support**

   The event is *support*ed by the city.

□ 3. **direction**

   She's good at *direction*s.

□ 4. **strategy**

   What do you think of our *strategy*?

□ 5. **technology**

   develop/share a new *technology*

□ 6. **truth**

   The rumor proved the *truth*.

□ 7. **constantly**

   Stock prices are rising *constantly*.

□ 8. **sell**

   Do you *sell* this item too?

□ 9. **positive**

   The result of the meeting is *positive*.

   10. **correct**

   My watch is *correct*.

📖 **Learn** : 모르는 단어 위주로 학습하세요

1. **perform** [pərfɔ́ːrm] [퍼포~엄]

🟩⑧수행하다, 공연하다

The actor is ready to *perform*.
그 배우는 공연할 준비가 되어있습니다.

2. **support** [səpɔ́ːrt] [써포~트]

🟩명동지원, 지지(하다), 부양(하다)

We will keep *support*ing you.
우리는 당신을 계속 지원할 것입니다.

3. **direction** [dirékʃən] [디렉션]

🟩명방향, 지휘

go in the same/wrong *direction*
같은/잘못된 방향으로 가다.

4. **strategy** [strǽtədʒi] [스트래터지]

🟩명전략, 계획

(set / try) another *strategy*
다른 전략을 (수립 / 시도하다)

5. **technology** [teknálədʒi] [테크날러지]

🟩명(과학)기술

Technology is changing our lives.
과학 기술이 우리의 삶을 변화시키고 있다.

6. **truth** [tru:θ] [트루ㅆ]

명진실

I wonder which one is the *truth*.
나는 무엇이 진실인지 모르겠어요.

7. **constantly** [kánstəntli] [칸ㅅ턴틀리]

부끊임없이

He is challenging *constantly*.
그는 끊임없이 도전하고 있다.

8. **sell** [sel] [쎌]

동…을 팔다

We're *sell*ing it for $10.
우리는 그것을 10달러에 팔고 있습니다.

9. **positive** [pázətiv] [파저티브]

형긍정적인 명양성 반응

a *positive* [response / action]
긍정적인 [반응 / 조치]

10. **correct** [kərékt] [커~렉ㅌ]

형정확한 동바로잡다

Correct the errors!
틀린 것들을 수정하십시오!

✎ **Self Evaluation** : 빈칸에 알맞은 단어를 쓰세요.

1. [   ] one's duty/a task

   의무를/작업을 **이행하다.**

2. The event is [   ] ed by the city.

   이 행사는 시의 **지원**을 받는다.

3. She's good at [   ] s.

   그녀는 길 눈이 밝다. (방향 감각이 좋다)

4. What do you think of our [   ] ?

   우리의 **전략**에 대하여 어떻게 생각하십니까?

5. develop/share a new [   ]

   신 **기술**을 개발/공유하다.

6. The rumor *proved the [   ] .

   그 소문은 **진실**임이 *증명되었다.

7. Stock prices are rising [   ] .

   주가가 **끊임없이** 오르고 있다.

8. Do you [   ] this item too?

   이 물품도 **판매합니까?**

9. The result of the meeting is [   ] .

   회의의 결과가 **긍정적**이다.

10. My watch is [   ] .

    내 시계가 **정확**하다.

☞ **Self Test** : 뜻을 아는 단어에 ☑ 표시하세요.

□ 1. **finish**
It'll take three days to *finish*.

□ 2. **identify**
identify useful data

□ 3. **rock**
a flower between the *rock*s

□ 4. **salt**
Would you please pass me the *salt*?

□ 5. **university**
apply to a *university*

□ 6. **feature**
This drama has a strong *feature*.

□ 7. **head**
He works at the *head* office.

□ 8. **material**
This dress *material* is unique.

□ 9. **finally**
I *finally* overtook the truck.

□ 10. **creative**
teach children in a *creative* way

📖 **Learn** : 모르는 단어 위주로 학습하세요

1. **finish** [fíniʃ] [피니쉬]

   통끝나[내]다

   Can you wait for me to *finish*?
   일이 끝날 때까지 기다려 주실 수 있습니까?

2. **identify** [aidéntəfài] [아이덴ㅌ파이]

   통확인하다, 알아보다

   Please *identify* yourself.
   본인 확인을 부탁드립니다.

3. **rock** [rak] [락]

   명암석, 록(음악) 통뒤흔들다

   The leaves fell onto the *rock*s.
   나뭇잎들이 바위 위로 떨어졌다.

4. **salt** [sɔːlt] [쏠ㅌ]

   명소금

   add more *salt* to the food
   음식에 소금을 더 넣다

5. **university** [jùːnəvə́ːrsəti] [유니버~쓰티]

   명대학

   (enter / attend) a *university*
   대학에 들어가다/다니다.

6. **feature** [fíːʃər] [피이처~]

명특징, 생김새 동특징을 이루다

She has beautiful *feature*s.
그녀는 아름다운 외모를 가졌다.

7. **head** [hed] [헤드]

명머리, 상석 동향하다, 이끌다

Do you feel a pain in your *head*?
머리에 통증을 느낍니까?

8. **material** [mətíəriəl] [머티어리올]

명재료, 소재

collect the teaching *material*s
수업 자료들을 수집하다.

9. **finally** [fáinəli] [파이늘리]

부마침내

Finally the boy was saved.
마침내 소년이 구조되었다.

10. **creative** [kriéitiv] [크리에이티브]

형창조적인

He developed a *creative* idea.
그는 독창적인 아이디어를 개발했다.

🖊 Self Evaluation : 빈칸에 알맞은 단어를 쓰세요.

1. It'll take three days to [   ].
   마치는 데 3일 걸릴 것입니다.

2. [   ] useful data
   유용한 자료를 식별하다.

3. a flower between the [   ]s
   바위틈 사이에 핀 꽃

4. Would you please pass me the [   ]?
   소금 좀 건네주시겠습니까?

5. *apply to a [   ]
   대학에 *지원하다.

6. This drama has a strong [   ].
   이 드라마는 강한 특색이 있다.

7. He works at the [   ] office.
   그는 본사에서 근무합니다.

8. This dress [   ] is *unique.
   드레스 소재가 *독특하다.

9. I [   ] *overtook the truck.
   마침내 트럭을 *따라잡았다.

10. teach children in a [   ] way
    창의적인 방법으로 아이들을 가르치다

👉 **Self Test** : 뜻을 아는 단어에 ☑ 표시하세요.

- [ ] 1. **bear**
  I can't *bear* any more!

- [ ] 2. **continue**
  The doctor *continue*d his study.

- [ ] 3. **wash**
  wash (my) face/the dishes

- [ ] 4. **goal**
  set / achieve a *goal*

- [ ] 5. **purpose**
  What's the *purpose* of this trip?

- [ ] 6. **question**
  It's only a *question* of time.

- [ ] 7. **growth**
  expect the *growth* in sales

- [ ] 8. **soon**
  I will run after you *soon*.

- [ ] 9. **ahead**
  Go straight *ahead*!

- [ ] 10. **glad**
  I'm *glad* to help you out.

Learn : 모르는 단어 위주로 학습하세요

1. **bear** [bɛər] [베어~]

통 견디다, (마음에)품다, (열매를)맺다 명 곰

Please *bear* in mind!
꼭 명심하세요!

2. **continue** [kəntínjuː] [컨티뉴]

통 계속되다[하다]

We need to *continue* to check.
계속 점검해 볼 필요가 있습니다.

3. **wash** [waʃ] [워쉬]

통 씻다, 세탁하다

Please *wash* this shirt often.
이 셔츠를 자주 세탁하세요.

4. **goal** [goul] [고울]

명 득점, 목표

It's Miranda's *goal* to be a photographer.
미란다의 목표는 사진작가가 되는 것입니다.

5. **purpose** [pə́ːrpəs] [퍼~퍼쓰]

명 목적, 의도

I didn't do it *on *purpose*.
고의로 그런 것은 아닙니다.

*on purpose : 고의로

Day
13

6. **question** [kwésʧən] [퀘ㅅ츤]

명질문 통질문하다, 의심하다

Could you answer my *question*?
제 질문에 답해 주시겠습니까?

7. **growth** [grouθ] [그라우ㅆ]

명성장, 증가

How is the *growth* potential?
성장 가능성이 어떻습니까?

8. **soon** [su:n] [쑨]

부곧, 빨리

*get well : 건강을 회복하다

He will *get well *soon*.
그는 곧 회복될 것입니다

9. **ahead** [əhéd] [어헤드]

부앞으로, 미리

He arrived *ahead* of time.
그가 예정보다 일씩 도착했다.

10. **glad** [glæd] [글래드]

형기쁜, 고마운

We are *glad* you could join us.
당신과 함께 할 수 있어서 기쁩니다.

Self Evaluation : 빈칸에 알맞은 단어를 쓰세요.

1. I can't [   ] any more!
   더 이상 **참을** 수 없다.

2. The doctor [   ]d his study.
   박사는 연구를 **계속** 진행했다.

3. [   ] (my) face/the dishes
   세수하다 / 설거지하다(그릇을 닦다)

4. set / achieve a [   ]
   목표를 세우다/달성하다

5. What's the [   ] of this trip?
   이번 여행의 **목적**이 무엇입니까?

6. It's only a [   ] of time.
   것은 단지 시간상의 **문제**일 뿐이다.

7. *expect the [   ] in sales
   매출의 **성장**을 *기대하다.

8. I will *run after you [   ].
   곧 뒤쫓아 가겠습니다.

   *run after
   : 뒤쫓다

9. Go straight [   ]!
   앞으로 곧장 가세요.

10. I'm [   ] to help you out.
    당신을 돕게 되어 **기쁩니다.**

Self Test : 뜻을 아는 단어에 ☑ 표시하세요.

☐ 1. **walk**
It's within 10 minutes' *walk*.

☐ 2. **build**
Build [a bridge/ a gym]

☐ 3. **scale**
weigh [something] on the *scale*

☐ 4. **firm**
His *firm* belief will change his life.

☐ 5. **income**
He saves half of his *income*.

☐ 6. **profit**
There is no *profit*.

☐ 7. **immediately**
Please email me back *immediately*.

☐ 8. **properly**
This printer works *properly*.

☐ 9. **secure**
Make sure if the website is *secure*.

☐ 10. **sharp**
See you at ten o'clock *sharp*.

Learn : 모르는 단어 위주로 학습하세요

1. **walk** [wɔːk] [워ㅋ]

동 걷다

Walk across the street.
걸어서 도로를 건너가세요.

2. **build** [bild] [빌드]

동 건물을 짓다

It took a year to *build* this house.
이 집을 짓는데 1년이 걸렸습니다.

3. **scale** [skeil] [ㅅ케일]

명 규모, 등급(척도), 저울

the *scale* of the business
사업의 규모

4. **firm** [fəːrm] [퍼~엄]

명 회사 형 딱딱한, 확고한

I got a job offer from a *firm*.
회사 한 곳에서 취업 제의를 받았다.

5. **income** [ínkʌm] [인컴]

명 소득

decide based on *income* *figures
소득 수치에 근거하여 결정하다. *1-Day47*

6. **profit** [práfit] [프라핕ㅌ]

명이익, 수익

They made *profit* this year.
그들은 금년에 이익을 냈다.

7. **immediately** [imí:diətli] [이미디어틀리]

부당장에 접…하자 마자

Please send it back to me *immediately*.
즉시 저에게 다시 보내주세요.

8. **properly** [prápərli] [프라펄리]

부적절히, 올바로

Wash it *properly* before use.
사용하기 전에 잘 세척하십시오.

9. **secure** [sikjúər] [씨큐어~]

형안전한, 확고한 동지키다, 얻다

He got a *secure* job.
그는 안정적인 직업을 구했다.

10. **sharp** [ʃɑːrp] [샤~ㅍ]

형날카로운, 명확한

She has a *sharp* sense of humour.
그녀는 예리한 유머 감각을 가지고 있습니다.

✏️ **Self Evaluation** : 빈칸에 알맞은 단어를 쓰세요.

1. It's *within 10 minutes' [   ].
   걸어서 10분 거리 이내에 있다. *2-Day10*

2. [   ] [a bridge/ a gym]
   다리를 세우다/ 체육관을 짓다

3. weigh [something] on the [   ]
   저울로 무게를 재다.

4. His [   ] belief will change his life.
   그의 확고한 믿음은 인생을 바꿀 것이다.

5. He saves half of his [   ].
   그는 소득의 반을 저축한다.

6. There is no [   ].
   아무런 **이득**이 없습니다.

7. Please email me back [   ].
   이메일로 즉시 답장 주십시오.

8. This printer works [   ].
   이 인쇄기는 작동이 잘 되고 있다.

9. Make sure if the [   ] is secure.
   웹사이트가 안전한지 확인하십시오.

10. See you at ten o'clock [   ].
    정확히(정각)10시에 만납시다.

👉 Self Test : 뜻을 아는 단어에 ☑ 표시하세요.

□ 1. **pick**
Don't *pick* the flowers.

□ 2. **believe**
I *believe* she will be the leader.

□ 3. **room**
There's enough *room* for a desk.

□ 4. **article**
Have you read the *article*?

□ 5. **department**
a student of the English *department*

□ 6. **difference**
I can't tell the *difference*.

□ 7. **road**
Cross the *road* and take a taxi.

□ 8. **cycle**
She *cycle*s home every day.

□ 9. **relative**
grade on a *relative* scale

□ 10. **adventure**
The trip was an *adventure* to me.

Learn : 모르는 단어 위주로 학습하세요

1. **pick** [pik] [픽 ㅋ]

통고르다, 줍다, [꽃 등을]꺾다

I came to *pick* up the *laundry.
*세탁물을 찾으러 왔습니다.

2. **believe** [bilíːv] [빌리이브]

통믿다, 생각하다

He *believe*d all my words.
그는 내가 한 말을 모두 믿었다.

3. **room** [ruːm] [루움]

명방, 자리

Where is the dressing *room*?
탈의실이 어디에 있습니까?

4. **article** [áːrtikl] [아~티클]

명기사, 조항

It was reported as a main *article*.
그것은 주요 기사로 보도되었다.

5. **department** [dipáːrtmənt] [디파~트먼트]

명부서, 학과

Which *department* are you in?
당신은 어느 부서에 계십니까?

6. **difference** [dífərəns] [디퍼런쓰]

명 차이

What's the *difference* in price?
가격 면에서 얼마나 **차이**가 납니까?

7. **road** [roud] [로(우)드]

명 길, 도로

The *road* is too steep.
도로가 너무 가파르다.

8. **cycle** [sáikl] [싸이클]

명 자전거, 주기, 순환

The system repeats on a *cycle*.
시스템이 일정한 주기로 반복된다.

9. **relative** [rélətiv] [렐러티브]

명 친척 형 상대적인

He is one of my *relative*s.
그는 나의 친척입니다.

10. **adventure** [əd|ventʃə(r)] [어 ㄷ 벤쳐~]

명 모험(심)

This story is full of *adventure*.
이 소설은 모험으로 가득하다.

✎ Self Evaluation : 빈칸에 알맞은 단어를 쓰세요.

1. Don't [   ] the flowers.
   꽃을 꺾지 마세요.

2. I [   ] she will be the leader.
   나는 그녀가 지도자가 되리라 믿어요.

3. There's enough [   ] for a desk.
   책상을 놓을 공간이 충분합니다.

4. Have you read the [   ]?
   기사 읽어보셨어요?

5. a student of the English [   ]
   영문과 학생

6. I can't tell the [   ].
   차이점을 말하지 못하겠습니다. (구분이 어렵습니다)

7. Cross the [   ] and take a taxi.
   길(도로)을 건넌 후 택시를 타십시오.

8. She [   ]s home every day.
   그녀는 자전거를 타고 매일 집에 간다.

9. grade on a [   ] *scale
   상대평가로 채점하다   *2-Day14

10. The trip was an [   ] to me.
    그 여행은 나에게 모험이었습니다.

-☼- **Self Evaluation** : 뜻을 아는 단어에 ☑ 표시하세요.

☐ 1 perform	☐ 18 material	☐ 35 income
☐ 2 support	☐ 19 finally	☐ 36 profit
☐ 3 direction	☐ 20 creative	☐ 37 immediately
☐ 4 strategy	☐ 21 bear	☐ 38 properly
☐ 5 technology	☐ 22 continue	☐ 39 secure
☐ 6 truth	☐ 23 wash	☐ 40 sharp
☐ 7 constantly	☐ 24 goal	☐ 41 pick
☐ 8 sell	☐ 25 purpose	☐ 42 believe
☐ 9 positive	☐ 26 question	☐ 43 room
☐ 10 correct	☐ 27 growth	☐ 44 article
☐ 11 finish	☐ 28 soon	☐ 45 department
☐ 12 identify	☐ 29 ahead	☐ 46 difference
☐ 13 rock	☐ 30 glad	☐ 47 road
☐ 14 salt	☐ 31 walk	☐ 48 cycle
☐ 15 university	☐ 32 build	☐ 49 relative
☐ 16 feature	☐ 33 scale	☐ 50 adventure
☐ 17 head	☐ 34 firm	

Review 3

배운 단어를 얼마나 기억하세요? 정답은 88page 참조
• 맞은 갯수 30개 이하: 수고하셨어요. 한 번만 더 복습^^
• 맞은 갯수 30개 이상: OK! 어려운 단어 복습
• 맞은 갯수 40개 이상: Very Good!!

Self Evaluation : 빈칸을 채워 보세요.

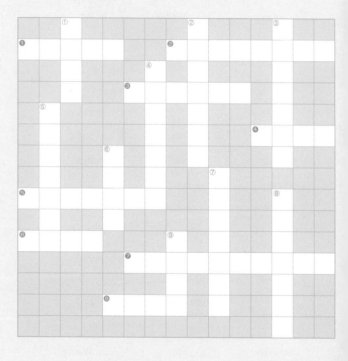

🗝 [세로열쇠]

① Please ☐ this shirt often.

② The actor is ready to ☐ .

③ ☐ the boy was saved.

④ It was reported as a main ☐ .

⑤ She has beautiful ☐ s.

⑥ He will get well ☐ .

⑦ ☐ the errors!

⑧ He ☐ d all my words.

⑨ I got a job offer from a ☐ .

⚷ [가로열쇠]

❶ the ☐ of the business

❷ He is one of my ☐ s.

❸ They made ☐ this year.

❹ We are ☐ you could join us.

❺ I didn't do it on ☐ .

❻ We're ☐ ing it for $10.

❼ (enter / attend) a ☐

❽ Where is the dressing ☐ ?

☀ Self Evaluation : 뜻 해석

1 수행하다, 공연하다	18 재료, 소재	35 소득
2 지원, 부양(하다)	19 마침내	36 이익, 수익
3 방향	20 창조적인	37 당장에
4 전략, 계획	21 견디다, 품다	38 적절히, 올바로
5 (과학)기술	22 계속되다[하다]	39 안전한, 지키다
6 진실	23 씻다, 세탁하다	40 날카로운, 명확한
7 끊임없이	24 득점, 목표	41 고르다, 줍다
8 …을 팔다	25 목적, 의도	42 믿다, 생각하다
9 긍정적인	26 질문(하다)	43 방, 자리
10 정확한	27 성장, 증가	44 기사, 조항
11 끝나[내]다	28 곧, 빨리	45 부서
12 확인하다, 알아보다	29 앞으로, 미리	46 차이
13 암석, 록(음악)	30 기쁜, 고마운	47 길, 도로
14 소금	31 걷다	48 자전거, 주기, 순환
15 대학	32 건물을 짓다	49 친척
16 특징	33 규모, 등급, 저울	50 모험
17 머리	34 회사, 확고한	

왕초보 탈출 영단어 **ABC**

영단어
기본 다지기 Level 2

*Day
16 ~ **20**

이번 주에 배울 단어를 미리 살펴보세요!

1 visit	11 write	21 solve	31 even	41 express
2 stay	12 protect	22 explain	32 affect	42 include
3 cover	13 issue	23 mean	33 avoid	43 contribute
4 audience	14 user	24 half	34 break	44 expose
5 rise	15 straight	25 medicine	35 advantage	45 theory
6 gift	16 combination	26 philosophy	36 middle	46 ability
7 speed	17 craft	27 standard	37 outside	47 general
8 imagine	18 daily	28 independent	38 step	48 proper
9 system	19 frequent	29 regular	39 face	49 particular
10 complex	20 due	30 effective	40 role	50 possible

👉 **Self Test** : 뜻을 아는 단어에 ☑ 표시하세요.

☐ 1. **visit**
visit a blog/(him) in the hospital

☐ 2. **stay**
I *stay*ed a little longer after work.

☐ 3. **cover**
Cover the pot after cooking.

☐ 4. **audience**
speak in front of the *audience*

☐ 5. **rise**
Gas charges will *rise* soon.

☐ 6. **gift**
buy a *gift* for (my) mother

☐ 7. **speed**
speed up the work

☐ 8. **imagine**
I can *imagine* how you feel.

☐ 9. **system**
The financial *system* of this company is stable.

10. **complex**
understand a *complex* process

Day 16

Learn : 모르는 단어 위주로 학습하세요

1. **visit** [vízit] [비짙ㅌ]

동방문하다 명방문

They are good places to *visit*.
방문하기에 좋은 장소들입니다.

2. **stay** [stei] [ㅅ테이]

동머무르다, 유지하다

stay awake/stay in a hotel
깨어 있다/호텔에 머물다

3. **cover** [kʌvər] [커버~]

동덮다, 담당하다　명덮개, 표지

Put the *cover* over the sofa.
소파를 덮개로 덮다.

4. **audience** [ɔ́:diəns] [오디언쓰]

명관객, 시청자

The *audience* was deeply moved.
관중들이 깊이 감동받았다.

5. **rise** [raiz] [라이즈]

동증가하다, 오르다 명상승, 진급

The sun is *rising* over the mountain.
태양이 산 너머로 떠오르고 있다.

6. **gift** [gift] [깊ㅍ트]

　명 선물, 재능

　I'm so pleased with your *gift*.
　당신의 **선물**이 정말 마음에 듭니다.

Tip!

[유용한 표현]
'please': 통 '기쁘게 하다'

ex) I want to please my dad.
　아버지를 기쁘게 해드리고 싶다.

7. **speed** [spi:d] [ㅅ피드]

　명 통 속도(를 내다)

　(control /keep) the *speed*
　속도를 조절하다/유지하다

8. **imagine** [imǽdʒin] [이매쥔]

　통 …을 상상하다, …라고 여기다

　I can *imagine* the final story.
　마지막 이야기가 **상상**이 됩니다.

9. **system** [sístəm] [씨ㅅ틈]

　명 제도, 체제

　the heating *system*/the security *system*
　난방 **설비**/보안 **체계**

10. **complex** 형[kəmpléks][컴플렉쓰] 명[kámpleks][캄플렉쓰]

　명 복잡한 명 복합 건물, 덩어리

　It's a highly *complex* question.
　이것은 매우 **복잡한** 문제입니다.

Day
16

📝 **Self Evaluation** : 빈칸에 알맞은 단어를 쓰세요.

1. [   ] a blog/(him) in the hospital
   블로그를 **방문하다**/**문병하러 가다** (병원을 **방문하다**)

2. I [   ]ed a little longer after work.
   업무 후 잠시 더 **남아 있었다**.

3. [   ] the pot after cooking.
   요리가 끝난 후 냄비를 **덮어 주십시오**.

4. speak in front of the [   ]
   관중들 앞에서 연설하다

5. Gas charges will [   ] soon.
   가스 요금이 곧 **오릅**니다.

6. buy a [   ] for (my) mother
   어머니께 드릴 **선물을** 사다.

7. [   ] up the work
   일을 **빠르게 추진하다**.

8. I can [   ] how you feel.
   당신이 어떻게 느낄지 **상상이** 됩니다.

9. The financial [   ] of this company is stable.
   이 회사의 금융 **체계가** 안정적이다.

10. understand a [   ] *process
    복잡한 과정을 이해하다 *2-Day25

Self Test : 뜻을 아는 단어에 ☑ 표시하세요.

☐ 1. **write**
write (music/a book report)

☐ 2. **protect**
Protect your skin from the sun!

☐ 3. **issue**
Environmental problem is a big *issue*.

☐ 4. **user**
Only VIP *user*s can use this coupon.

☐ 5. **straight**
Go *straight* ahead to the exit.

☐ 6. **combination**
The *combination* of colors is amazing.

☐ 7. **craft**
appreciate traditional *craft*s

☐ 8. **daily**
I log on to this blog almost *daily*.

☐ 9. **frequent**
frequent [business trips / visits]

☐ 10. **due**
Rent is *due* by the end of the month.

Day 17

Learn : 모르는 단어 위주로 학습하세요

1. **write** [rait] [롸일 트]

圏쓰다

Please *write* me back.
회신 부탁합니다.

2. **protect** [prətékt] [프러텍 트]

동보호하다

system to *protect* information
정보를 **보호하기** 위한 체계

3. **issue** [íʃuː] [이슈]

명동쟁점, 사안, 발행(하다)

It's a sensitive political *issue*.
그것은 민감한 정치적인 **사안**이다.

4. **user** [júːzər] [유우저~]

명이용자

This mark may confuse *user*s.
이 표시가 **사용자들을** 혼란스럽게 할 수 있다.

5. **straight** [streit] [ㅅ트레이트]

부똑바로 형곧은

put the desks in a *straight* line
책상들을 일직선상에 두다.

6. **combination** [kὰmbənéiʃən] [캄브네이션]

　명 조합

Enter a *combination* of 5 numbers.
5개의 숫자의 조합을 입력해 주십시오.

7. **craft** [kræft] [크랲프트]

　명 공예품, 기술

learn [wood*craft* / paper*craft*]
[목공기술 / 종이공예]를 배우다.

8. **daily** [déili] [데일리]

　부 형 매일(의) 명 일간지

My *daily* schedule is fixed.
나의 매일 일정이 정해졌다.

9. **frequent** [frí:kwənt] [프리퀸트]

　형 빈번한

deal with *frequent* *breakdowns
잦은 *고장을 처리하다

10. **due** [dju:] [듀우]

　형 예정인, 때문에

I'm tired *due* to *jet lag.
*시차로 인하여 피곤하다.

✎ **Self Evaluation** : 빈칸에 알맞은 단어를 쓰세요.

1. [　　　　　] (music/a book report)
   작곡하다/독후감을 쓰다.

2. [　　　　　] your skin from the sun!
   태양으로부터 피부를 보호하세요!

3. Environmental problem is a big [　　　　　].
   환경에 관련한 문제는 큰 주제입니다.

4. Only VIP [　　　　　]s can use this coupon.
   VIP 사용자들만 이 쿠폰을 사용할 수 있다.

5. Go [　　　　　] ahead to the exit.
   출구까지 곧장 가십시오.

6. The [　　　　　] of colors is amazing.
   색들의 조합이 놀랍습니다.

7. *appreciate traditional [　　　　　]s
   전통 공예품들을 *감상하다.

8. I log on to this blog almost [　　　　　].
   나는 거의 매일 이 블로그에 접속한다.

9. [　　　　　] [business trips / visits]
   빈번한 [해외 출장 / 방문]

10. Rent is [　　　　　] by the end of the month.
    임대료 기한은 매달 말입니다.

☞ **Self Test** : 뜻을 아는 단어에 ☑ 표시하세요.

- [ ] 1. **solve**
  This accident should be *solve*d first.

- [ ] 2. **explain**
  I'll *explain* about it later on.

- [ ] 3. **mean**
  *mean*s of transport/payment

- [ ] 4. **half**
  I was *half* asleep at that time.

- [ ] 5. **medicine**
  This *medicine* will work well.

- [ ] 6. **philosophy**
  I'm curious about the writer's *philosophy*.

- [ ] 7. **standard**
  It (is below/meets) our *standard*.

- [ ] 8. **independent**
  She's *independent* from her parents.

- [ ] 9. **regular**
  I attend *regular* classes.

- [ ] 10. **effective**
  an *effective* [management/ way]

Learn : 모르는 단어 위주로 학습하세요

1. **solve** [salv] [쌀브]

동해결하다

solve the [riddle / case]
[수수께끼를 / 사건을] 해결하다

2. **explain** [ikspléin] [익 쎄 플레인]

동설명하다

Could you *explain* the regulations?
규칙들에 대하여 설명해 주시겠습니까?

3. **mean** [mi:n] [미인]

동의미하다 형심술궂은 명수단(means)

What do you *mean* by that?
무슨 뜻인지 알려주시겠어요?

4. **half** [hæf] [해 ㅍ]

명절반

Allow me *half* an hour.
30분만 더 주세요.

5. **medicine** [médəsin] [메드쓴]

명의료, 약

Take this *medicine* after meals.
이 약을 식사 후 드십시오.

6. **philosophy** [filásəfi] [필라써피]

명철학

[sales /business] *philosophy*
영업/사업 철학

7. **standard** [stǽndərd] [ㅅ탠다~드]

명기준, 규범

Is there a national *standard*?
국가적인 기준이 있습니까?

8. **independent** [indipéndənt] [인디펜던트]

형독립된

She became financially *independent*.
그녀는 재정적으로 독립했다.

9. **regular** [régjulər] [레귤러~]

형규칙적인 명단골손님

He is our *regular* customer.
그는 우리의 단골손님입니다.

Day
18

10. **effective** [iféktiv] [이펙티브]

형효과적인

This method is really *effective*.
이 방법은 정말로 효과적이다.

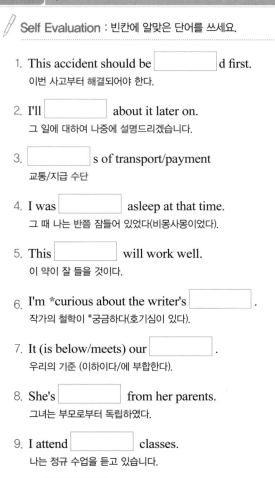

🖊 **Self Evaluation** : 빈칸에 알맞은 단어를 쓰세요.

1. This accident should be _____ d first.
   이번 사고부터 해결되어야 한다.

2. I'll _____ about it later on.
   그 일에 대하여 나중에 설명드리겠습니다.

3. _____ s of transport/payment
   교통/지급 수단

4. I was _____ asleep at that time.
   그 때 나는 반쯤 잠들어 있었다(비몽사몽이었다).

5. This _____ will work well.
   이 약이 잘 들을 것이다.

6. I'm *curious about the writer's _____ .
   작가의 철학이 *궁금하다(호기심이 있다).

7. It (is below/meets) our _____ .
   우리의 기준 (이하이다/에 부합한다).

8. She's _____ from her parents.
   그녀는 부모로부터 독립하였다.

9. I attend _____ classes.
   나는 정규 수업을 듣고 있습니다.

10. an _____ [management/ way]
    효율적인 [관리 / 방법]

👉 Self Test : 뜻을 아는 단어에 ☑ 표시하세요.

□ 1. **even**
   Even a beginner did that job.

□ 2. **affect**
   She deeply *affect*ed my life.

□ 3. **avoid**
   You need to eat well and *avoid* stress.

□ 4. **break**
   Please don't *break* the rule.

□ 5. **advantage**
   The decision is to our *advantage*.

□ 6. **middle**
   Put the table in the *middle* of the room.

□ 7. **outside**
   Your car is waiting *outside*.

□ 8. **step**
   Take a *step* back.

□ 9. **face**
   His *face* looked bright.

□ 10. **role**
   Ken is playing a key *role*.

Day
19

Learn : 모르는 단어 위주로 학습하세요

1. **even** [íːvən] [이븐]

   [부]…조차, 훨씬 [형]평평한, 균등한

   I can't *even* remember her name.
   그녀의 이름조차 기억이 나지 않는다.

2. **affect** [əfékt] [어펙트]

   [동]영향을 미치다

   Your habit will *affect* your health.
   당신의 습관이 건강에 영향을 줄 것이다.

3. **avoid** [əvóid] [어보이드]

   [동]피하다, 막다

   Can I *avoid* his question?
   그의 질문을 피할 수 있을까요?

4. **break** [breik] [브레일ㅋ]

   [동]깨다, 부러지다 [명]휴식, 틈

   have a one-hour lunch *break*
   한 시간의 점심 휴식시간을 갖다.

5. **advantage** [ædvǽntidʒ] [어드밴티쥬]

   [명]이점, 장점 [동]유리하게 하다

   take *advantage* of ~
   ~의 이점을 이용하다

6. **middle** [mídl] [미들]

명 형 중앙(의)

He is sitting in the *middle* *row.
그는 가운데 줄에 앉아 있다. *2-Day57

7. **outside** [áutsáid] [아웃싸이드]

명 형 바깥(쪽의) 부 전 밖에(서)

take the flower pot *outside*
화분을 바깥에 내놓다

8. **step** [step] [스텦프]

명 걸음 동 밟다

We will go on step by *step*.
우리는 한 걸음씩 진행할 것입니다.

9. **face** [feis] [페이쓰]

명 얼굴 동 …을 마주보다

The windows *face* the sea.
창문이 바다를 마주 보고 있다.

Day
19

10. **role** [roul] [로울]

명 역할

It was just a small *role*.
단지 작은 역할이었습니다.

🖊 **Self Evaluation** : 빈칸에 알맞은 단어를 쓰세요.

1. _____ a beginner did that job.
   심지어 초보자도 그것을 해냈습니다.

2. She deeply _____ed my life.
   그녀는 내 삶에 많은 **영향**을 주었다.

3. You need to eat well and _____ stress.
   식사 잘하시고 스트레스를 **피하세요**.

4. Please don't _____ the rule.
   규칙을 **어기지(깨지)** 마세요.

5. The decision is to our _____.
   그 결정은 우리에게 **유리합니다**.

6. Put the table in the _____ of the room.
   탁자는 방 **중앙**에 두십시오.

7. Your car is waiting _____.
   밖에서 차가 대기 중입니다.

8. Take a _____ back.
   한 **걸음** 물러서세요.

9. His _____ looked bright.
   그의 **얼굴**이 밝아 보였습니다.

10. Ken is playing a key _____.
    켄은 중요한 **역할**을 담당하고 있다.

Self Test : 뜻을 아는 단어에 ☑ 표시하세요.

□ 1. **express**
Let me *express* my opinion.

□ 2. **include**
Please *include* this report.

□ 3. **contribute**
He *contribute*d to our success.

□ 4. **expose**
Don't *expose* it to moisture.

□ 5. **theory**
It's not as simple as it looks in *theory*.

□ 6. **ability**
He always shows off his *ability*.

□ 7. **general**
We will follow a *general* trend.

□ 8. **proper**
a *proper* balance between two types

□ 9. **particular**
She mastered a *particular* technique.

Day
20

□ 10. **possible**
We tried all *possible* means.

Learn : 모르는 단어 위주로 학습하세요

1. **express** [iksprés] [익쓰프레쓰]

> 통표현하다 형급행의 명급행열차
>
> She will take the *express* bus.
> 그녀는 고속버스를 탈 것입니다.

2. **include** [inklú:d] [인클루우드]

> 통포함하다
>
> Tax is *include*d in it.
> 세금이 **포함되어** 있습니다.

3. **contribute** [kəntríbju:t] [컨트리뷰우트]

> 통기부[기증]하다, 공헌하다
>
> *contribute* (money/land) to a school
> 학교에 (돈/땅)을 **기부하다**.

4. **expose** [ikspóuz] [익쓰포우즈]

> 통 드러내다
>
> The truth was *expose*d by his courage.
> 그의 용기로 진실이 **드러났다**.

5. **theory** [θí:əri] [씨어~리]

> 명이론, 학설
>
> It *turned out to be a probable *theory*.
> 그것은 가능성이 높은 **이론**으로 판명되었다.

 *turn out
: 판명되다

6. **ability** [əbíləti] [어빌러티]

　명 능력

　the (English / artistic) *ability*
　(영어 / 예술적) 능력

7. **general** [dʒénərəl] [제너~럴]

　형 일반[보편]적인 명 장군

　the book for *general* readers
　일반 독자들을 위한 책

8. **proper** [prápər] [프라퍼~]

　형 적절한, 제대로 된

　a *proper* amount of sugar
　적절한 양의 설탕

9. **particular** [pərtíkjulər] [퍼~티큘러~]

　형 특별한 명 자세한 사실

　I have a *particular* interest in ceramics.
　나는 도자기에 **특별한** 관심이 있다.

10. **possible** [pásəbl] [파써블]

　형 가능한

　I don't think it's *possible*.
　그것이 **가능할** 것 같지 않습니다.

Day
20

✏️ **Self Evaluation** : 빈칸에 알맞은 단어를 쓰세요.

1. Let me [　　　　] my opinion.
   제 의견을 말씀드릴게요.

2. Please [　　　　] this report.
   이 보고서를 포함시켜 주십시오.

3. He [　　　　]ed to our success.
   그는 우리의 성공에 이바지하였다.

4. Don't [　　　　] it to moisture.
   습기에 노출시키지 마십시오.

5. It's not as simple as it looks in [　　　　].
   이론상으로 보는 것처럼 단순하지 않다.

6. He always *shows off his [　　　　].
   그는 그의 능력을 항상 과시한다.
   *show off
   : ~를 자랑하다

7. We will follow a [　　　　] trend.
   우리는 일반적인 추세를 따를 것입니다.

8. a [　　　　] balance between two types
   두 유형 간의 적절한 균형

9. She mastered a [　　　　] technique.
   그녀는 특정한 기술을 터득했다.

10. We tried all [　　　　] *means.
    가능한 모든 수단들을 동원했다. *2-Day18

Self Evaluation : 뜻을 아는 단어에 ☑ 표시하세요.

☐ 1 visit	☐ 18 daily	☐ 35 advantage
☐ 2 stay	☐ 19 frequent	☐ 36 middle
☐ 3 cover	☐ 20 due	☐ 37 outside
☐ 4 audience	☐ 21 solve	☐ 38 step
☐ 5 rise	☐ 22 explain	☐ 39 face
☐ 6 gift	☐ 23 mean	☐ 40 role
☐ 7 speed	☐ 24 half	☐ 41 express
☐ 8 imagine	☐ 25 medicine	☐ 42 include
☐ 9 system	☐ 26 philosophy	☐ 43 contribute
☐ 10 complex	☐ 27 standard	☐ 44 expose
☐ 11 write	☐ 28 independent	☐ 45 theory
☐ 12 protect	☐ 29 regular	☐ 46 ability
☐ 13 issue	☐ 30 effective	☐ 47 general
☐ 14 user	☐ 31 even	☐ 48 proper
☐ 15 straight	☐ 32 affect	☐ 49 particular
☐ 16 combination	☐ 33 avoid	☐ 50 possible
☐ 17 craft	☐ 34 break	

배운 단어를 얼마나 기억하세요? 정답은 114page 참조
• 맞은 갯수 30개 이하: 수고하셨어요. 한 번만 더 복습^^
• 맞은 갯수 30개 이상: OK! 어려운 단어 복습
• 맞은 갯수 40개 이상: Very Good!!

Self Evaluation : 빈칸을 채워 보세요.

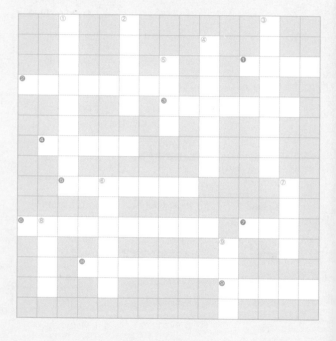

우 [세로열쇠]

① an ☐ [management / way]

② (control /keep) the ☐

③ I don't think it's ☐ .

④ It's a highly ☐ question.

⑤ We will go on ☐ by step.

⑥ a ☐ amount of sugar

⑦ I can't ☐ remember her name.

⑧ Allow me ☐ an hour.

⑨ What do you ☐ by that?

ㅗ [가로열쇠]

❶ This mark may confuse the ☐ s.

❷ deal with ☐ breakdowns

❸ Could you ☐ the regulations?

❹ They are good places to ☐ .

❺ She will take the ☐ bus.

❻ (sales /business) ☐

❼ I'm tired ☐ to jet lag.

❽ Take this ☐ after meals.

❾ Can I ☐ his question?

Review
4

☀ Self Evaluation : 뜻 해석

1 방문하다	18 매일(의)	35 이점, 장점
2 머무르다	19 빈번한	36 중앙(의)
3 덮다, 덮개, 표지	20 예정인, 때문에	37 밖에(서)
4 관객	21 해결하다	38 걸음
5 증가하다, 오르다	22 설명하다	39 얼굴
6 선물, 재능	23 의미하다, 심술궂은	40 역할
7 속도	24 절반	41 표현하다, 급행의
8 상상하다	25 의료, 약	42 포함하다
9 제도, 체제	26 철학	43 기부하다, 공헌하다
10 복잡한	27 기준, 규범	44 드러내다
11 쓰다	28 독립된	45 이론, 학설
12 보호하다	29 규칙적인	46 능력
13 쟁점, 발행하다	30 효과적인	47 일반적인, 장군
14 이용자	31 …조차, 훨씬	48 적절한, 제대로 된
15 똑바로	32 영향을 미치다	49 특별한
16 조합	33 피하다, 막다	50 가능한
17 공예품, 기술	34 깨다, 휴식	

왕초보 탈출 영단어 **ABC**

영단어
기본 다지기 Level 2

*Day
21 ~ **25**

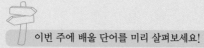

이번 주에 배울 단어를 미리 살펴보세요!

1 charity	11 ambition	21 emotion	31 platform	41 patient
2 bite	12 lecture	22 worker	32 fear	42 switch
3 delivery	13 more	23 fight	33 funny	43 holiday
4 exclude	14 dress	24 vehicle	34 chain	44 survey
5 coat	15 joke	25 boil	35 conversation	45 beach
6 welcome	16 global	26 mountain	36 mission	46 entrance
7 round	17 wheel	27 passage	37 male	47 guilty
8 smell	18 scratch	28 attach	38 organize	48 song
9 catch	19 overcome	29 weigh	39 repeat	49 repair
10 ugly	20 lonely	30 anxious	40 automatic	50 process

☞ **Self Test** : 뜻을 아는 단어에 ☑ 표시하세요.

□ 1. **charity**
It's a *charity* event for children.

□ 2. **bite**
Prevent mosquito *bite*s.

□ 3. **delivery**
Delivery is always free.

□ 4. **exclude**
Please *exclude* the drinks.

□ 5. **coat**
Your *coat* is wet in the rain.

□ 6. **welcome**
Welcome to our event!

□ 7. **round**
a *round* shaped roof

□ 8. **smell**
Smell this fruit! It's fresh.

□ 9. **catch**
We will *catch* up with them.

> *catch up with
> : 따라잡다

□ 10. **ugly**
There is an *ugly* scar on the handle.

📖 **Learn** : 모르는 단어 위주로 학습하세요

1. **charity** [ʧǽrəti] [채러티]

명자선(단체)

His *profit will go to *charity*. '2-Day14
그의 *수익금은 자선 단체에 기부될 것이다.

2. **bite** [bait] [바일트]

동물다 명물기, 한입

have a quick *bite* / take a *bite*
간단히 요기하다 / 한 입 깨물다

3. **delivery** [dilívəri] [딜리버리]

명배달

send mail by special *delivery*
우편물을 속달로 보내다

4. **exclude** [iksklú:d] [익쓰클루드]

동제외하다, 배제하다

Taxes and *fees are *exclude*d. '2-Day52
세금과 수수료는 제외되었습니다.

5. **coat** [kout] [코우트]

명외투, 코트

Wear your lab *coat* in here.
이 곳에서는 실험실 코트를 입으십시오.

6. **welcome** [wélkəm] [웰컴]

图동환영하다 图환영하는

You will be *welcome* anytime!
여러분은 언제나 환영합니다!

7. **round** [raund] [라운드]

图둥근 图전부…을 돌아 图한차례

This bus will go *round* the park.
이 버스는 공원을 돌 것입니다.

8. **smell** [smel] [스멜]

图냄새가 나다 图냄새

The shampoo *smell*s like a rose.
샴푸에서 장미 냄새가 납니다.

9. **catch** [kætʃ] [캐취]

图잡다, 걸리다 图잡음

Here's a good place to *catch* a taxi.
이 곳은 택시를 잡기에 좋은 장소이다.

10. **ugly** [ʌgli] [어글리]

图못생긴, 불쾌한

It was not an *ugly* scene.
그것은 불쾌한 광경은 아니었어요.

✎ Self Evaluation : 빈칸에 알맞은 단어를 쓰세요.

1. It's a [   ] event for children.
   아이들을 위한 **자선** 행사입니다.

2. Prevent mosquito [   ]s.
   모기에게 **물리는** 것을 막다.

3. [   ] is always free.
   배달은 항상 무료입니다.

4. Please [   ] the drinks.
   음료는 **제외시켜** 주세요.

5. Your [   ] is wet in the rain.
   코트가 비로 젖어 있습니다.

6. [   ] to our event!
   우리 행사에 와 주심을 **환영합니다**.

7. a [   ] shaped roof
   둥근 모형의 지붕

8. [   ] this fruit! It's fresh.
   이 과일 **냄새**를 맡아보세요! 신선해요.

9. We will [   ] up with them.
   우리는 그들을 **따라잡을** 거예요.

10. There is an [   ] scar on the handle.
    손잡이에 **흉한** 상처가 있습니다.

Self Test : 뜻을 아는 단어에 ☑ 표시하세요.

☐ 1. **ambition**
challenge to achieve an *ambition*

☐ 2. **lecture**
I won't miss his *lecture*.

☐ 3. **more**
Could you tell me in *more* detail?

☐ 4. **dress**
This *dress* will fit you.

☐ 5. **joke**
It's not true! It was only a *joke*.

☐ 6. **global**
Global food trade is a big business.

☐ 7. **wheel**
It moves well due to four *wheel*s.

☐ 8. **scratch**
There is a *scratch* on the cabinet.

☐ 9. **overcome**
overcome financial difficulties

☐ 10. **lonely**
This place is for the *lonely* senior citizens.

📖 Learn : 모르는 단어 위주로 학습하세요

1. **ambition** [æmbíʃən] [앰비션]

명야망, 포부

have an *ambition* to ~
~하고자 하는 야망을 갖다

2. **lecture** [léktʃər] [ㄹ렉처~]

명강의

(take down / listen to) a *lecture*
강의를 필기하다/듣다

3. **more** [mɔːr] [모어~]

형더 많은 부더 많이 명더 많은 양

It costs 20 dollars *more*.
그것은 가격이 20달러 더 나간다.

4. **dress** [dres] [드레쓰]

명드레스 동옷을 입다

get *dress*ed / get un*dress*ed
(외출 등을 위해) 옷을 입다 / 옷을 벗다

5. **joke** [dʒouk] [죠욱ㅋ]

명동농담[하다]

We were just telling a *joke*.
우리는 그냥 농담한 것이다.

6. global [glóubəl] [글로우벌]

형세계적인

We are sensitive about *global* market.
우리는 세계 시장에 민감하다.

7. wheel [wi:l] [위일]

명바퀴 동밀다, 선회하다

The front *wheel* is *flat.
앞 바퀴에 펑크가 났습니다.   *1권-Day32

8. scratch [skrætʃ] [ㅅ크래치]

동긁다, 할퀴다 명자국

The screen was *scratch*ed on a nail.
화면이 못에 긁혔다.

9. overcome [òuvərkʌ́m] [오우버~컴]

동극복하다

I've *overcome* my fear of heights.
나는 고소공포증을 극복했다.

10. lonely [lóunli] [ㄹ로운리]

부외로운, 쓸쓸한

a *lonely* village (country road)
한적한 마을(시골길)

✎ **Self Evaluation** : 빈칸에 알맞은 단어를 쓰세요.

1. challenge to achieve an [   ]
   야망을 달성하기 위해 도전하다.

2. I won't miss his [   ].
   나는 그의 **강의**를 놓치지 않을 것이다.

3. Could you tell me in [   ] detail?
   좀 더 상세히 말씀해 주시겠어요?

4. This [   ] will fit you.
   이 **드레스**가 당신에게 맞을 것입니다.

5. It's not true! It was only a [   ].
   사실이 아닙니다! **농담**이었어요.

6. [   ] food trade is a big business.
   세계 식량 거래는 큰 사업이다.

7. It moves well *due to four [   ]s. *2권-Day17*
   네 개의 **바퀴**가 달려 있어서 잘 움직인다.

8. There is a [   ] on the cabinet.
   장식장에 **긁힌 자국**이 있다.

9. [   ] *financial difficulties
   재정적인 어려움을 **극복하다**

   *financial
   : 재정상의

10. This place is for the [   ] senior citizens.
    이 곳은 **외로운** 노인들을 위한 것이다.

👉 Self Test : 뜻을 아는 단어에 ☑ 표시하세요.

☐ 1. **emotion**

The actor was good at *emotion*s.

☐ 2. **worker**

He is a temporary *worker* here.

☐ 3. **fight**

They *fought over a seat.　🖊 *fought: fight의 과거

☐ 4. **vehicle**

The *vehicle*s will be provided.

☐ 5. **boil**

Put it in the *boil*ing water.

☐ 6. **mountain**

There is a shop in a *mountain* pass.

☐ 7. **passage**

It's the *passage* to the meeting room.

☐ 8. **attach**

I *attach* a photo to e-mail.

☐ 9. **weigh**

How much do you *weigh*?

☐ 10. **anxious**

He seemed *anxious* while talking.

Learn : 모르는 단어 위주로 학습하세요

1. **emotion** [imóuʃən] [이모우션]

명 감정

(*express/hide) *emotion*s
감정을 (표현하다/숨기다) *2권-Day20

2. **worker** [wə́:rkər] [워~커~]

명 근로자, 노동자

office / *construction *worker* *2권-Day57
사무실 근로자(사무원) / 건설 노동자

3. **fight** [fait] [파잍ㅌ]

동 싸우다 명 싸움

fight for (a business *license)
(사업 허가)를 얻기 위해 싸우다

*license [láisəns]
: 허가,자격증

4. **vehicle** [ví:ikl] [비이클]

명 운송수단, 차량

Go up the hill by a *vehicle*.
차량을 이용하여 언덕까지 가십시오.

5. **boil** [bɔil] [보일ㄹ]

동 끓다, 끓이다

Boil it at a high *temperature.
높은 *온도로 끓이세요. *1권-Day34

6. **mountain** [máuntn] [마운튼]

> 명 산
>
> The hotel is at the foot of the *mountain*.
> 그 호텔은 산기슭에 있다.

7. **passage** [pǽsidʒ] [패씨쥐]

> 명 통로, 구절
>
> Some *passage*s are not proper.
> 구절 몇 개는 적절하지 않습니다.

8. **attach** [ətǽtʃ] [어태치]

> 동 첨부하다, 붙이다
>
> I *attach*ed a picture of my family on the wall.
> 나는 벽에 가족사진을 붙였다.

9. **weigh** [wei] [웨이]

> 동 무게가…이다
>
> He *weigh*s 80 kg.
> 그의 몸무게는 80킬로그램이다.

10. **anxious** [ǽŋkʃəs] [앵셔ㅆ]

> 형 염려하는, 간절히 바라는
>
> We are very *anxious* to see you.
> 당신을 꼭 만날 수 있기를 바랍니다.

/ Self Evaluation : 빈칸에 알맞은 단어를 쓰세요.

1. The actor was good at ⬜ s.
   배우가 감정 표현이 우수했다.

2. He is a *temporary ⬜ here.
   그는 이곳에서 *임시직으로 일하고 있습니다.

   *temporary [témpərèri]
   : 일시적인

3. They ⬜ over a seat.
   그들은 좌석을 두고 다투었다.

4. The ⬜ s will be provided.
   차량들이 제공될 것입니다.

5. Put it in the ⬜ ing water.
   끓는 물에 그것을 넣어주세요.

6. There is a shop in a ⬜ pass.
   산길에 작은 가게가 하나 있습니다.

7. It's the ⬜ to the meeting room.
   회의장으로 가는 통로입니다.

8. I ⬜ a photo to e-mail.
   이메일에 사진 하나를 첨부합니다.

9. How much do you ⬜ ?
   체중이 얼마나 나가십니까?

10. He seemed ⬜ while talking.
    그는 말하는 동안 불안해하는 것 같았다.

☞ **Self Test** : 뜻을 아는 단어에 ☑ 표시하세요.

☐ 1. **platform**
   We will see him off at the *platform*.

☐ 2. **fear**
   The kid *fear*ed getting out.

☐ 3. **funny**
   My key is gone. That's *funny*!

☐ 4. **chain**
   The tools are *chain*ed.

☐ 5. **conversation**
   We had a long *conversation*.

☐ 6. **mission**
   Our *mission* is to receive funds.

☐ 7. **male**
   A *male* tiger was born in the zoo.

☐ 8. **organize**
   organize a club/a concert

☐ 9. **repeat**
   Could you *repeat* that?

☐ 10. **automatic**
   This door is fully *automatic*.

Learn : 모르는 단어 위주로 학습하세요

1. **platform** [plǽtfɔːrm] [플랱포~엄]

명(기차역의)플랫폼, 연단

He is speaking on the *platform*.
그는 단상에서 연설 중입니다.

2. **fear** [fiər] [피어~]

명공포, 우려 동두려워하다

We have no *fear* of failure.
우리는 실패를 두려워하지 않습니다.

3. **funny** [fʌ́ni] [퍼니]

형우스운, 재미있는, 기묘한,

This comedy is really *funny*.
이 코미디(희극)은 정말 재미있습니다.

4. **chain** [ʧein] [체인]

명동체인점, 사슬(로묶다)

a *chain* of [restaurants / shops]
체인 음식점 / 체인 상점

5. **conversation** [kànvərséiʃən] [컨버~쎄이션]

명대화

Stanley overheard the *conversation*.
스탠리가 대화를 엿들었다.

6. **mission** [míʃən] [미션]

> 명임무, 사절단, 전도(기독교)
>
> *complete (*perform) a *mission*
> 임무를 완수하다(이행하다) *1권-Day57 / *2권-Day11

7. **male** [meil] [메일]

> 형명남성(의), 수컷(의)
>
> a member of a *male*-voice choir
> 남성 합창단 단원

8. **organize** [ɔ́:rgənàiz] [오~거나이즈]

> 동조직(정리)하다
>
> *organize* the files on the *desktop
> *바탕화면의 파일들을 정리하다.

9. **repeat** [ripí:t] [리피잍]

> 형다시(반복)하다
>
> *Repeat* it twice a day.
> 하루 두 번 반복하세요.

10. **automatic** [ɔ̀:təmǽtik] [오터매틱]

> 형자동의
>
> make an *automatic* *transfer
> 자동*이체를 하다

> *transfer [trǽnsfer]
> : 이체, 환승

✏️ **Self Evaluation** : 빈칸에 알맞은 단어를 쓰세요.

1. We will see him off at the [   ].
   우리는 그를 플랫폼까지 배웅할 것입니다.

2. The kid [   ]ed getting out.
   아이는 나가는 것을 두려워하였다.

3. My key is gone. That's [   ]!
   내 열쇠가 안 보여요. 희한한 일이네요!

4. The tools are [   ]ed.
   연장들이 (사슬로) 묶여 있다.

5. We had a long [   ].
   우리는 긴 대화를 나누었다.

6. Our [   ] is to receive *funds. *2권-Day48
   우리의 임무는 자금을 유치하는(받아내는) 것이다

7. A [   ] tiger was born in the zoo.
   동물원에서 수컷 호랑이가 태어났다.

8. [   ] a club/a concert
   클럽을/연주회를 조직하다

9. Could you [   ] that?
   다시 한 번 말씀해 주시겠습니까?

10. This door is fully [   ].
    이 문은 전자동입니다.

☞ Self Test : 뜻을 아는 단어에 ☑ 표시하세요.

☐ 1. **patient**

Susan is busy taking care of her *patient*.

☐ 2. **switch**

Switch off the light.

☐ 3. **holiday**

I usually go hiking on *holiday*s.

☐ 4. **survey**

It's the result of the telephone *survey*.

☐ 5. **beach**

We will spend two days at the *beach*.

☐ 6. **entrance**

See you at the *entrance*.

☐ 7. **guilty**

He is *guilty* of (drunk driving).

☐ 8. **song**

We sang a *song* together.

☐ 9. **repair**

It'll be *repair*ed in a week.

☐ 10. **process**

All of the *process* will be open.

Learn : 모르는 단어 위주로 학습하세요

1. **patient** [péiʃənt] [페이션트]

명환자 형참을성 있는

He was *patient* with the kids.
그는 아이들을 참을성 있게 잘 대하였다.

2. **switch** [switʃ] [스위치]

명스위치, 전환 동바뀌다, 바꾸다

The meeting was *switch*ed to Friday.
회의 시간이 금요일로 바뀌었다.

3. **holiday** [hálədèi] [할러데이]

명휴가, 방학

This shop is closed on public *holiday*s.
이 상점은 공휴일에 문을 닫는다.

4. **survey** [sərvéi] [써~베이]

명조사 동살피다, 조사하다

*respond to the *survey*
설문에 응답하다 *2권-Day52*

5. **beach** [biːʃ] [비이치]

명해변, 바닷가

This is a popular *beach* resort.
이 곳은 인기 있는 해변 휴양지(리조트)입니다.

6. **entrance** [éntrəns] [앤트런쓰]

> 명출입문, 입학, 가입
>
> take an *entrance* exam for~
> ~을 들어가기 위한 **입학(입사)시험**을 보다.

7. **guilty** [gílti] [길티]

> 형죄책감이 드는, 유죄의
>
> She feels *guilty* for *lying.   *lie+ing: lying!!   *2-Day41
> 그녀는 거짓말에 대하여 **죄책감을 느낀다.**

8. **song** [sɔ́ːŋ] [쏭]

> 명노래
>
> The band played the old *song*s.
> 악단은 옛 **노래**들을 연주했다.

9. **repair** [ripéər] [리페어~]

> 동수리하다 명수리, 수선
>
> My bike needs *repair*ing.
> 자전거를 **수리해야** 하나.

10. **process** [próuses] [프로쎄스]

> 명동처리(하다), 과정
>
> The work *process* is not so simple.
> 작업과정은 그리 간단하지 않습니다.

Self Evaluation : 빈칸에 알맞은 단어를 쓰세요.

1. Susan is busy taking care of her [   ].

   수잔은 그녀의 환자들을 돌보느라 바쁘다.

2. [   ] off the light.

   전등을 꺼주세요.

3. I usually go hiking on [   ]s.

   나는 휴일에 대개 도보 여행을 한다.

4. It's the result of the telephone [   ].

   전화 설문 조사 결과입니다.

5. We will spend two days at the [   ].

   우리는 이틀 동안 해변에서 지낼 것입니다.

6. See you at the [   ].

   출입구에서 봅시다.

7. He is [   ] of (drunk driving).

   그는 (음주 운전)의 과오를 범하였다.

8. We sang a [   ] together.

   우리는 함께 노래를 불렀다.

9. It'll be [   ]ed in a week.

   일주일이면 수리될 것입니다.

10. All of the [   ] will be open.

    모든 과정은 공개될 것입니다.

-☼- Self Evaluation : 뜻을 아는 단어에 ☑ 표시하세요.

☐ 1 charity	☐ 18 scratch	☐ 35 conversation
☐ 2 bite	☐ 19 overcome	☐ 36 mission
☐ 3 delivery	☐ 20 lonely	☐ 37 male
☐ 4 exclude	☐ 21 emotion	☐ 38 organize
☐ 5 coat	☐ 22 worker	☐ 39 repeat
☐ 6 welcome	☐ 23 fight	☐ 40 automatic
☐ 7 round	☐ 24 vehicle	☐ 41 patient
☐ 8 smell	☐ 25 boil	☐ 42 switch
☐ 9 catch	☐ 26 mountain	☐ 43 holiday
☐ 10 ugly	☐ 27 passage	☐ 44 survey
☐ 11 ambition	☐ 28 attach	☐ 45 beach
☐ 12 lecture	☐ 29 weigh	☐ 46 entrance
☐ 13 more	☐ 30 anxious	☐ 47 guilty
☐ 14 dress	☐ 31 platform	☐ 48 song
☐ 15 joke	☐ 32 fear	☐ 49 repair
☐ 16 global	☐ 33 funny	☐ 50 process
☐ 17 wheel	☐ 34 chain	

Review
5

배운 단어를 얼마나 기억하세요? 정답은 140page 참조
• 맞은 갯수 30개 이하: 수고하셨어요. 한 번만 더 복습^^
• 맞은 갯수 30개 이상: OK! 어려운 단어 복습
• 맞은 갯수 40개 이상: Very Good!!

🔑 Self Evaluation : 빈칸을 채워 보세요.

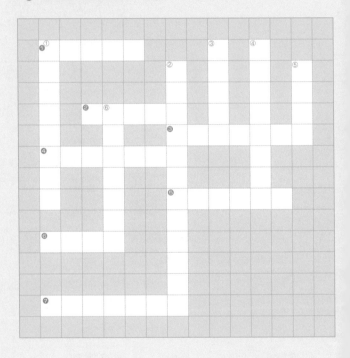

⚲ [세로열쇠]

① [＿＿＿＿] is always free.

② We had a long [＿＿＿＿].

③ We will [＿＿＿＿] up with them.

④ [＿＿＿＿] financial difficulties.

⑤ Prevent mosquito [＿＿＿＿]s.

⑥ I usually go hiking on [＿＿＿＿]s.

⯀[가로열쇠]

❶ This [＿＿＿＿] will fit you.

❷ The tools are [＿＿＿＿]ed.

❸ The [＿＿＿＿]s will be provided.

❹ Please [＿＿＿＿] the drinks.

❺ It's the result of the telephone [＿＿＿＿].

❻ There is an [＿＿＿＿] scar on the handle.

❼ Our [＿＿＿＿] is to receive funds.

☀ Self Evaluation : 뜻 해석

1 자선(단체)	18 긁다, 할퀴다	35 대화
2 물다, 한입	19 극복하다	36 임무, 사절단
3 배달	20 외로운, 쓸쓸한	37 남성 · 수컷(의)
4 제외하다, 배제하다	21 감정	38 조직(정리)하다
5 외투, 코트	22 근로자, 노동자	39 다시(반복)하다
6 환영하다	23 싸우다	40 자동의
7 둥근	24 운송수단, 차량	41 환자, 참을성 있는
8 냄새(가 나다)	25 끓다	42 스위치, 전환
9 잡다	26 산	43 휴가, 방학
10 못생긴, 불쾌한	27 통로, 구절	44 조사
11 야망, 포부	28 첨부하다, 붙이다	45 해변, 바닷가
12 강의	29 무게가⋯이다	46 출입문
13 더 많은	30 염려하는, 간절한	47 죄책감이 드는, 유죄의
14 드레스	31 (기차역의)플랫폼, 연단	48 노래
15 농담[하다]	32 공포, 두려워하다	49 수리하다
16 세계적인	33 우스운, 재미있는	50 처리(하다), 과정
17 바퀴	34 사슬(로묶다)	

왕초보 탈출 영단어 ABC

영단어
기본 다지기 Level 2

*Day
26 ~ 30

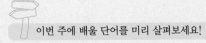

1 insect	11 laugh	21 suit	31 alarm	41 sheet
2 volume	12 essay	22 screw	32 bend	42 match
3 comfort	13 breath	23 basket	33 hair	43 invade
4 agent	14 yard	24 string	34 brave	44 assistant
5 abroad	15 employer	25 pollution	35 revenue	45 hall
6 chase	16 nurse	26 cloud	36 island	46 right
7 trash	17 reply	27 mirror	37 bat	47 weekend
8 introduce	18 feed	28 rush	38 employ	48 wear
9 escape	19 refuse	29 ruin	39 adopt	49 apologize
10 efficient	20 examine	30 weird	40 blind	50 pleasant

📝 Self Test : 뜻을 아는 단어에 ☑ 표시하세요.

☐ 1. **insect**
   We will send an *insect* robot to the scene.

☐ 2. **volume**
   Please check the *volume* of fuel.

☐ 3. **comfort**
   The point is '*comfort*'!

☐ 4. **agent**
   My *agent* sent me the contract.

☐ 5. **abroad**
   She worked *abroad* for a year.

☐ 6. **chase**
   The players *chase*d a ball at full speed.

☐ 7. **trash**
   The *trash* is processed this way.

☐ 8. **introduce**
   Let me *introduce* myself.

☐ 9. **escape**
   They barely *escape*d towards the village.

☐ 10. **efficient**
   an *efficient* way to save time

📖 **Learn** : 모르는 단어 위주로 학습하세요

1. **insect** [ínsekt] [인섹트]

명 곤충

A small *insect* flew into my room.
작은 곤충 한 마리가 내 방으로 날아들어왔다.

2. **volume** [válju:m] [발류움]

명 양, 음량

Please turn up the *volume*.
음량을 높여주세요.

3. **comfort** [kʌ́mfərt] [컴포~트]

명 편안함, 안락함 동 위로하다

The music is a *comfort* to me.
음악이 내게 위안이 됩니다.

4. **agent** [éidʒənt] [에이전트]

명 대리인, 사무관, 요원

Ask (the travel /the ticket) *agent*.
(여행사/발권) 직원에게 문의하세요.

5. **abroad** [əbrɔ́:d] [어보~드]

부 해외로(에서)

He will not study *abroad*.
그는 해외에서 공부하지 않을 것입니다.

6. **chase** [tʃeis] [체이쓰]

图뒤쫓다, 쫓아내다 圐추적, 추격

The police *chase*d after him.
경찰이 그를 뒤쫓았다.

7. **trash** [træʃ] [트레쉬]

圐쓰레기 图엉망으로 만들다

Let's pick up the *trash* and leave.
쓰레기를 줍고 나서 출발합시다!

8. **introduce** [intrədjú:s] [인트러듀우쓰]

图소개하다

Could you *introduce* your coworkers?
동료들을 소개해 주시겠습니까?

9. **escape** [iskéip] [이스케잎ㅍ]

图달아나다 圐탈출, 도피

escape from (a car) / to (a place)
～에서 탈출하다 / ～로 탈출하다

10. **efficient** [ifíʃənt] [이피션트]

圐효율적인

develop energy *efficient* cars
에너지 효율이 높은 자동차를 개발하다.

✏ **Self Evaluation** : 빈칸에 알맞은 단어를 쓰세요.

1. We will send an [   ] robot to the scene.
   우리는 현장에 곤충 로봇을 보낼 것이다.

2. Please check the [   ] of fuel.
   연료의 양을 측정해주십시오.

3. The point is '[   ]'!
   요점은 '편안함'에 있습니다!

4. My [   ] *sent me the contract.
   나의 대리인이 나에게 계약서를 보냈다.

   > *Sent : send'의
   > 과거 [sent]

5. She worked [   ] for a year.
   그녀는 일 년 동안 해외에서 근무했다.

6. The players [   ]d a ball *at full speed.
   선수들이 공을 쫓아 *전속력으로 달렸다.

7. The [   ] is *processed this way. *2권-Day25
   쓰레기는 이러한 방법으로 처리됩니다.

8. Let me [   ] myself.
   제 소개를 하겠습니다.

9. They barely [   ]d towards the village.
   그들은 마을을 향해 간신히 달아났다.

10. an [   ] way to save time
    시간을 절약하는 효율적인 방법

📝 Self Test : 뜻을 아는 단어에 ☑ 표시하세요.

- [ ] 1. **laugh**
  *Laugh*ter is the best *medicine.

  *Laughter[lǽftər]
  : 웃음

- [ ] 2. **essay**
  His *essay* will be in the book.

- [ ] 3. **breath**
  Take a deep *breath* and run!

- [ ] 4. **yard**
  Is that a back *yard*?

- [ ] 5. **employer**
  My last *employer* wrote a reference letter for me.

- [ ] 6. **nurse**
  The *nurse* will give you a shot.

- [ ] 7. **reply**
  I'm writing in *reply* to your question.

- [ ] 8. **feed**
  It is used to make animal *feed*.

- [ ] 9. **refuse**
  He *refuse*d to follow my advice.

- [ ] 10. **examine**
  The police *examine*d into the matter.

Learn : 모르는 단어 위주로 학습하세요

1. laugh [læf] [ㄹ래ㅍ]

통 웃다 명 웃음(소리)

laugh *with him / *at him
그와 함께 웃다 / 그를 비웃다

*with/at의
의미에 유의!

2. essay [ései] [에쎄이]

명 수필, 과제물

My *essay* is *due tomorrow.
수필 *마감이 내일입니다. *2권-Day17*

3. breath [breθ] [브래ㅆ]

명 숨

Let me catch my *breath*!
숨 좀 돌리게 해주세요!

4. yard [ja:rd] [야~ㄷ]

명 마당, 운동장

My father is planting seeds in the *yard*.
아버지께서 마당에서 씨앗을 심고 계신다.

5. employer [implóiər] [임플로이어~]

명 고용주

I will consult with my *employer* tomorrow.
내일 고용주와 상의할 것입니다.

6. **nurse** [nəːrs] [너~쓰]

圐간호사

The *nurse* changed his bandage.
간호사가 그의 붕대를 교체해 주었다.

7. **reply** [riplái] [리플라이]

동대답하다, 응답하다 명대답, 답장

I'm waiting for your early *reply*.
빠른 답장을 기다리고 있습니다.

8. **feed** [fiːd] [피이드]

동밥을 먹이다 명먹이, 사료

We aren't allowed to *feed* the animals.
우리가 동물들에게 먹이를 주는 것은 금지되어 있다.

9. **refuse** [rifjúːz] [리퓨우즈]

동거절하다

If he *refuse*s, what are we to do?
만일 그가 거절한다면 이떻게 히면 좋은가?

10. **examine** [igzǽmin] [이ㄱ재민]

동조사, 검사하다

Please have your eyes *examine*d.
시력 검사를 받아 보십시오.

Self Evaluation : 빈칸에 알맞은 단어를 쓰세요.

1. ☐ter is the best *medicine.
   웃음은 보약(최고의 *약)입니다.

2. His ☐ will be in the book.
   그의 수필은 책에 수록될 것이다.

3. Take a deep ☐ and run!
   숨을 크게 내 쉬고 달려요!

4. Is that a back ☐ ?
   저것이 뒷마당입니까?

5. My last ☐ wrote a reference letter for me.
   나의 이전 고용주가 추천서를 써 주었다.

6. The ☐ will give you a shot.
   간호사가 주사를 놓아 줄 것입니다.

7. I'm writing in ☐ to your question.
   질문하신 내용에 대한 답으로 글을 씁니다.

8. It is used to make animal ☐ .
   그것은 동물 사료를 만드는데 사용된다.

9. He ☐d to follow my advice.
   그가 나의 조언을 따르기를 거절했다.

10. The police ☐d into the matter.
    경찰은 사건을 조사했다.

- [ ] 1. **suit**
  Please wear a business *suit*!

- [ ] 2. **screw**
  Turn the *screw* the other way round.

- [ ] 3. **basket**
  decorate with flower *basket*s

- [ ] 4. **string**
  Please undo the *string* round the box.

- [ ] 5. **pollution**
  I think it's about water *pollution*.

- [ ] 6. **cloud**
  It's clear without a spot of *cloud*.

- [ ] 7. **mirror**
  She likes to pose in front of the *mirror*.

- [ ] 8. **rush**
  I try not to drive in the *rush* hour.

- [ ] 9. **ruin**
  This might *ruin* his career.

- [ ] 10. **weird**
  This soup tastes *weird*.

Day
28

Learn : 모르는 단어 위주로 학습하세요

1. **suit** [su:t] [쑤울ㅌ]

명 정장 동 …에게 맞다, 어울리다

It doesn't *suit* my taste.
이것은 내 구미에 맞지 않는다.

2. **screw** [skru:] [ㅅ크루]

명 나사 동 돌려서 조이다

Screw the hanger into the wall.
옷걸이를 나사로 벽에 조여 주세요.

3. **basket** [bǽskit] [배스킽]

명 바구니

These *basket*s are hand-made.
이 바구니들은 손으로 만들어진다.

4. **string** [striŋ] [ㅅ트링]

명 끈, 줄

It's too loose. Pull the *string* tight!
너무 헐렁해요. 팽팽하게 끈을 당겨주세요!

5. **pollution** [pəlúːʃən] [펄루션]

명 오염

monitor (the air / the noise) *pollution*
대기 오염/소음 공해를 측정하다

6. **cloud** [klaud] [클라우드]

　명구름

Every *cloud* has a silver lining.
어떤 구름도 뒷면은 밝다. (=쥐구멍에도 볕뜰 날은 있다.)

7. **mirror** [mírə(r)] [미러~]

　명거울

Check your side *mirror*s when making lane changes.
차선 변경시에는 측면 거울을 확인하십시오.

8. **rush** [rʌʃ] [러쉬]

　동급히 서두르다 명서두름, 질주

He *rush*ed to the scene.
그는 현장으로 서둘러 갔다.

9. **ruin** [rúːin] [루인]

　동망치다, 망하다 명붕괴, 잔해

It will not *ruin* our relationship.
그 일은 우리의 관계를 해치지 않을 것입니다.

10. **weird** [wiərd] [위어~드]

　형기이한, 이상한

Did you hear a *weird* sound?
이상한 소리 들었습니까?

Self Evaluation : 빈칸에 알맞은 단어를 쓰세요.

1. Please wear a business [   ]!
   양복 차림으로 오시기 바랍니다!

2. Turn the [   ] the other way round.
   그 나사를 반대 방향으로 돌리세요.

3. decorate with flower [   ]s
   꽃바구니로 장식하다.

4. Please *undo the [   ] round the box.
   소포에 감긴 끈을 *풀어 주세요.

5. I think it's about water [   ].
   이 이야기는 수질 오염에 관한 것 같다.

6. It's clear without a spot of [   ].
   구름 한 점 없이 맑다.

7. She likes to pose in front of the [   ].
   그녀는 거울 앞에서 포즈잡는 것을 좋아한다.

8. I try not to drive in the [   ] hour.
   교통이 혼잡한(서두르는) 시간에는 운전을 안 하려고 해요.

9. This might [   ] his career.
   이 일이 그의 경력에 해를 입힐 수 있다.

10. This soup tastes [   ].
    이 수프의 맛이 기이하네요. (낯설고 이상한 맛)

☞ **Self Test** : 뜻을 아는 단어에 ☑ 표시하세요.

□ 1. **alarm**
The *alarm* is ringing.

□ 2. **bend**
Bend the wire to make a circle.

□ 3. **hair**
The long *hair*ed girl is my partner.

□ 4. **brave**
Her *brave* actions changed their mind.

□ 5. **revenue**
Monthly *revenue* may fall this month.

□ 6. **island**
They finally reached the *island*.

□ 7. **bat**
*Bat*s usually feed on insects.

□ 8. **employ**
I've been self-*employ*ed for 2years.

□ 9. **adopt**
The *adopt*ed girl grew up as a musician.

□ 10. **blind**
The dog was trained to guide *blind* people.

📖 **Learn** : 모르는 단어 위주로 학습하세요

1. **alarm** [əlάːrm] [얼라~암]

명경보음, 자명종 통놀라게 하다

My *alarm* is set for 6 a.m.
내 자명종이 오전 6시로 맞추어져 있다.

2. **bend** [bend] [밴드]

통굽히다, 숙이다

The branches were *bent* down.
나뭇가지들이 휘었습니다.

*bent [bent]
 : 'bend'의 과거(분사)

3. **hair** [hɛər] [헤어~]

명머리카락

have (my)*hair* cut / wash (my)*hair*
머리를 자르다 / 머리를 감다

4. **brave** [breiv] [브레이브]

형용감한

Be *brave* and *give it a try!
용감하게 도전해 보세요!

*give it a try
 : 시도(도전)하다

5. **revenue** [révənjùː] [레버뉴]

명(정부, 기관의)수입, 세입

She brings in a lot of *revenue* to the company.
그녀는 회사에 많은 수입을 가져온다.

6. **island** [áilənd] [아일런드]

명 섬

The *island* is too far to go to.
그 섬은 가기에 너무 먼 곳이다.

7. **bat** [bæt] [밷ㅌ]

명 방망이, 박쥐 동 치다

His *bat*ting is the highest on his team.
팀에서 그의 타율이 최고입니다.

8. **employ** [implɔ́i] [임플로이]

동 고용하다

employ *contract(part time) workers
계약직(시간제) 직원을 채용하다. *3-Day38

9. **adopt** [ədɑ́pt] [어닾트]

동 입양하다, 채택하다

More babies were *adopt*ed this year.
더 많은 아기들이 금년에 입양되었다.

10. **blind** [blaind] [블라인드]

형 …을 못보는 명 가리개

I'd like to install a *blind* door!
덧문을 설치했으면 합니다.

✎ Self Evaluation : 빈칸에 알맞은 단어를 쓰세요.

1. The [   ] is ringing.
   경보음이 울리고 있다.

2. [   ] the *wire to make a circle.
   *철사를 **구부려** 원으로 만드세요.

3. The long [   ]ed girl is my partner.
   긴 **머리** 소녀가 제 파트너입니다.

4. Her [   ] actions changed their mind.
   그녀의 **용감한** 행동이 그들의 마음을 바꾸었다.

5. Monthly [   ] may fall this month.
   이 달의 **수입**이 떨어질 것으로 보인다.

6. They finally *reached the [   ].
   그들은 마침내 **섬**에 이르렀다. *1-Day10

7. [   ]s usually feed on insects.
   박쥐들은 주로 곤충들을 먹이로 먹는다.

8. I've been *self-[   ]ed for 2years. *self [self] : 자기
   2년간 *자영업에 종사했습니다.

9. The [   ]ed girl *grew up as a musician.
   입양된 소녀는 음악인으로 성장했습니다. *1-Day51 'grow'의 과거

10. The dog was trained to guide [   ] people.
    그 개는 **맹인**들을 안내하도록 훈련되었다.

👉 **Self Test** : 뜻을 아는 단어에 ☑ 표시하세요.

☐ 1. **sheet**

Mark it on the top of the *sheet*.

☐ 2. **match**

He won the *match* by 2 points.

☐ 3. **invade**

The hunters *invade*d the animal zone by mistake.

☐ 4. **assistant**

I need an *assistant* for my job.

☐ 5. **hall**

The *hall* is near the entrance.

☐ 6. **right**

I hope we're doing the *right* thing.

☐ 7. **weekend**

I don't go to the movies on *weekend*s.

☐ 8. **wear**

He is *wear*ing glasses.

☐ 9. **apologize**

I came here to *apologize* over a cup of coffee.

☐ 10. **pleasant**

Today is the *pleasant* Children's Day.

Learn : 모르는 단어 위주로 학습하세요

1. **sheet** [ʃiːt] [쉬잍]

> 명동요(를 깔다), (종이 등)..장
>
> spread a *sheet* (two *sheet*s) of paper
> 종이 한 장(두 장)을 깔다

2. **match** [mætʃ] [매치]

> 명짝, 시합 동어울리다
>
> This bag *match*es your *outfit.
> 이 가방이 당신의 *의상과 잘 어울립니다.

3. **invade** [invéid] [인베이드]

> 동침략하다, 침입하다
>
> We will not *invade* your personal space.
> 우리는 당신의 사적 공간은 침범하지 않을 예정입니다.

4. **assistant** [əsístənt] [어씨스턴트]

> 명조수, 보조원
>
> a shop *assistant* / an *assistant* director
> 점원 / 조감독

5. **hall** [hɔːl] [호올]

> 명현관, ~실, 복도
>
> build a (city / music / dance) *hall*
> 시청 / 음악당 / 무도장을 짓다

6. **right** [rait] [라잍ㅌ]

형옳은, 가장 적당한, 오른쪽의 명권리

We will do it *right* now (right after lunch)!
바로 지금 (점심 식사 후 즉시) 하겠습니다!

7. **weekend** [wíːkènd] [위캔드]

명주말

My family visited a museum last *weekend*.
우리 가족은 주말에 박물관에 갔다.

8. **wear** [wɛər] [웨어~]

동(옷,모자,장갑 등을)착용하다, 입다

I usually *wear* a suit to my office.
나는 사무실에 정장을 입고 간다.

9. **apologize** [əpálədʒàiz] [어팔러자이즈]

동사과하다

I deeply *apologize*.
대단히 **죄송**합니다.

10. **pleasant** [plézənt] [플레즌트]

형즐거운, 쾌적한

This office is a *pleasant* environment to work in.
이 사무실은 일하기에 **쾌적한** 환경이다.

Self Evaluation : 빈칸에 알맞은 단어를 쓰세요.

1. Mark it on the top of the ☐ .
   용지 상단에 표기하세요.

2. He won the ☐ by 2 points.
   그는 2점 차이로 시합을 이겼다.

3. The hunters ☐ d the animal zone by mistake.
   사냥꾼들이 실수로 동물 구역을 침범했다.

4. I need an ☐ for my job.
   내 일을 도와줄 조수가 필요합니다.

5. The ☐ is near the *entrance. *2권-Day25
   집회실이 입구와 가깝습니다

6. I hope we're doing the ☐ thing.
   우리가 옳은 일을 하고 있는 것이기를 바란다.

7. I don't go to the movies on ☐ s.
   나는 주말에 영화를 보러 가지 않는다.

8. He is ☐ ing glasses.
   그는 안경을 쓰고 있다.

9. I came here to ☐ over a cup of coffee.
   커피 한 잔 하면서 사과하려고 왔습니다.

10. Today is the ☐ Children's Day.
    오늘은 즐거운 어린이날입니다.

☀ Self Evaluation : 뜻을 아는 단어에 ☑ 표시하세요.

☐ 1 insect	☐ 18 feed	☐ 35 revenue
☐ 2 volume	☐ 19 refuse	☐ 36 island
☐ 3 comfort	☐ 20 examine	☐ 37 bat
☐ 4 agent	☐ 21 suit	☐ 38 employ
☐ 5 abroad	☐ 22 screw	☐ 39 adopt
☐ 6 chase	☐ 23 basket	☐ 40 blind
☐ 7 trash	☐ 24 string	☐ 41 sheet
☐ 8 introduce	☐ 25 pollution	☐ 42 match
☐ 9 escape	☐ 26 cloud	☐ 43 invade
☐ 10 efficient	☐ 27 mirror	☐ 44 assistant
☐ 11 laugh	☐ 28 rush	☐ 45 hall
☐ 12 essay	☐ 29 ruin	☐ 46 right
☐ 13 breath	☐ 30 weird	☐ 47 weekend
☐ 14 yard	☐ 31 alarm	☑ 48 wear
☐ 15 employer	☐ 32 bend	☐ 49 apologize
☐ 16 nurse	☐ 33 hair	☐ 50 pleasant
☐ 17 reply	☐ 34 brave	

배운 단어를 얼마나 기억하세요? 정답은 166page 참조
• 맞은 갯수 30개 이하: 수고하셨어요. 한 번만 더 복습^^
• 맞은 갯수 30개 이상: OK! 어려운 단어 복습
• 맞은 갯수 40개 이상: Very Good!!

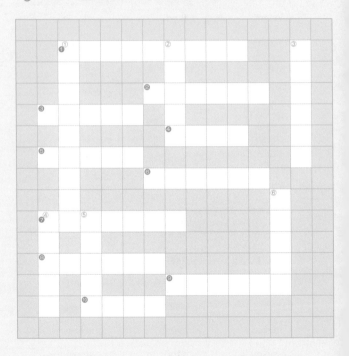

Review 6

영단어 기본 다지기 | Level 2

*한 차원 높은 사고력!

🔑 Self Evaluation : 빈칸을 채워 보세요.

[세로열쇠]
①apologize ②trash ③island ④weird ⑤essay ⑥chase

[가로열쇠]
①assistant ②basket ③cloud ④hall ⑤agent ⑥abroad ⑦weekend
⑧insect ⑨volume ⑩yard

[세로열쇠]

① I came here to ☐ over a cup of coffee.

② The ☐ is processed this way.

③ They finally reached the ☐.

④ This soup tastes ☐.

⑤ His ☐ will be in the book.

⑥ The players ☐ d a ball at full speed.

[가로열쇠]

❶ I need an ☐ for my job.

❷ Decorate with flower ☐ s.

❸ It's clear without a spot of ☐.

❹ The ☐ is near the entrance.

❺ My ☐ sent me the contract.

❻ She worked ☐ for a year.

❼ I don't go to the movies on ☐ s.

❽ We will send an ☐ robot to the scene.

❾ Please check the ☐ of fuel.

❿ Is that a back ☐ ?

☀ Self Evaluation : 뜻 해석

1 곤충	18 밥을 먹이다	35 (정부,기관의) 수입, 세입
2 양, 음량	19 거절하다	36 섬
3 편안함, 안락함	20 조사, 검사하다	37 방망이, 박쥐
4 대리인, 요원	21 정장	38 고용하다
5 해외로(에서)	22 나사	39 입양하다, 채택하다
6 뒤쫓다	23 바구니	40 눈이 먼, …을 못 보는
7 쓰레기	24 끈, 줄	41 요, (종이)~장
8 소개하다	25 오염	42 성냥, 경기
9 달아나다	26 구름	43 침략하다, 침입하다
10 효율적인	27 거울	44 조수, 보조원
11 웃다	28 서두르다, 서두름	45 현관, ~실
12 수필, 과제물	29 망치다,붕괴	46 옳은, 오른쪽의
13 숨	30 기이한, 이상한	47 주말
14 마당, 운동장	31 경보음, 놀라게 하다	48 입다, 착용하다
15 고용주	32 굽히다, 숙이다	49 사과하다
16 간호사	33 머리카락	50 즐거운, 쾌적한
17 대답하다, 응답하다	34 용감한	

왕초보 탈출 영단어 **ABC**

영단어
기본 다지기 Level 2

*Day
31 ~ **35**

이번 주에 배울 단어를 미리 살펴보세요!

1 sand	11 poem	21 error	31 remind	41 respect
2 childhood	12 wife	22 float	32 triumph	42 affair
3 strain	13 editor	23 promotion	33 wish	43 ear
4 bother	14 steal	24 dinner	34 owner	44 district
5 cap	15 swim	25 shock	35 breast	45 genuine
6 skirt	16 god	26 floor	36 mate	46 manner
7 comment	17 fault	27 league	37 candle	47 honor
8 destroy	18 suspect	28 arise	38 mention	48 consult
9 highlight	19 pause	29 insist	39 succeed	49 concentrate
10 strict	20 yell	30 careful	40 new	50 obvious

👉 **Self Test** : 뜻을 아는 단어에 ☑ 표시하세요.

□ 1. **sand**

Enjoy a romantic *sand*y beach!

□ 2. **childhood**

We've been friends since *childhood*.

□ 3. **strain**

It was broken under the *strain*.

□ 4. **bother**

Don't *bother* to (do it)!

□ 5. **cap**

The fence is *cap*ped with wire.

□ 6. **skirt**

The company is on the *out*skirt*s of Seoul.

*outskirts
: 변두리

□ 7. **comment**

There was no *comment* from the agency.

□ 8. **destroy**

Mountain areas should not be *destroy*ed.

□ 9. **highlight**

Highlight the text here.

□ 10. **strict**

We work on a *strict* rotation.

📖 **Learn** : 모르는 단어 위주로 학습하세요

1. **sand** [sænd] [쎈드]

명 모래

follow the footprints in the **sand**
모래 위의 발자국을 따라가다.

2. **childhood** [ʧáildhùd] [차일드후드]

명 어린 시절

She had a pleasant **childhood**.
그녀는 행복한 **어린 시절**을 보냈다.

3. **strain** [strein] [스트레인]

명 부담, 압력 동 거르다, 잡아당기다

The loan is a **strain** on them.
대출금은 그들에게 **부담**이다.

4. **bother** [báðər] [바더~]

동 신경 쓰이게 하다, 괴롭히다

She doesn't look **bother**ed.
그녀는 그리 **신경 쓰는** 것 같지 않습니다.

5. **cap** [kæp] [캡]

동 (끝을)덮다 명 챙있는 모자

I like the color of the **cap**.
모자의 색이 마음에 듭니다.

6. **skirt** [skə:rt] [ㅅ커~트]

명 치마, 변두리 통 가장자리를 두르다

The plain *skirt* looks nicer on you.
(무늬 없는)단색 치마가 당신에게 더 잘 어울립니다.

7. **comment** [kάment] [카멘트]

명 논평, 언급 통 논평하다

Would you *comment* on the story?
줄거리에 관해 언급해 주시겠습니까?

8. **destroy** [distrɔ́i] [디ㅅ트로이]

통 파괴하다, 망치다

~ *destroy* our health/ecosystem
우리의 건강을/생태계를 파괴하다

9. **highlight** [háilait] [하일라이트]

통 강조하다 명 주요부분[장면]

the *highlight* of the movie(the game)
영화의(경기의) 최고 장면

10. **strict** [strikt] [ㅅ트릭트]

형 엄격한

The rules are *strict* in doing this job.
이 일에 있어서 규칙들이 엄격합니다.

✏ Self Evaluation : 빈칸에 알맞은 단어를 쓰세요.

1. Enjoy a romantic [   ]y beach!
   낭만적인 모래 사장(해변)을 즐기십시오!

2. We've been friends since [   ].
   우리는 어린 시절부터 친구였다.

3. It was broken under the [   ].
   압력으로 부러졌어요.

4. Don't [   ] to (do it)!.
   힘들게 (~) 마세요!

5. The fence is [   ]ped with wire.
   울타리가 철사로 덮여 있어요.

6. The company is on the out[   ]s of Seoul.
   회사가 서울 변두리에 있습니다.

7. There was no [   ] from the *agency.
   *대행사로부터 어떤 논평도 없었다.

8. Mountain *areas should not be [   ]ed.
   산림*지역은 파괴되면 안됩니다. *1권-Day39

9. [   ] the text here.
   이 곳의 글자를 강조해 주세요.

10. We work on a [   ] rotation.
    우리는 엄격한 순환 근무를 한다.

☞ **Self Test** : 뜻을 아는 단어에 ☑ 표시하세요.

- ☐ 1. **poem**
  I'm interested in *poem*s and essays as well as novels.

- ☐ 2. **wife**
  Your *wife* will be satisfied with it.

- ☐ 3. **editor**
  The *editor* will start editing soon.

- ☐ 4. **steal**
  The designer didn't *steal* the idea.

- ☐ 5. **swim**
  a *swim*ming (lesson /cap/suit)

- ☐ 6. **god**
  God bless you!

- ☐ 7. **fault**
  It was all my *fault*.

- ☐ 8. **suspect**
  I *suspect* the truth of her statement.

- ☐ 9. **pause**
  Could you *pause* the music for a moment?

- ☐ 10. **yell**
  They *yell*ed at each other in the rain.

Learn : 모르는 단어 위주로 학습하세요

1. **poem** [póuəm] [포움]

명 시

Many of his *poem*s are in the song.
그의 많은 시들이 노래 속에 들어있다.

2. **wife** [waif] [와잎ㅍ]

명 아내

May I introduce my *wife* now?
지금 제 아내를 소개해 드릴까요?

3. **editor** [édətər] [에더터~]

명 편집자(장), 논설위원

Send this copy to the *editor*.
원고를 편집장에게 보내주세요.

4. **steal** [sti:l] [ㅅ티일]

동 도둑질하다 명 (야구에서)도루

Let him go! He did not *steal* anything.
그를 보내주세요! 그는 아무것도 훔치지 않았어요.

5. **swim** [swim] [스윔]

동 수영하다

He *swim*s 5 *laps without a break.
그는 쉬지 않고 5 바퀴를 돌며 수영합니다.

 Tip!
lap: 육상, 수영경기의
'한 바퀴'를 의미하기도 함

6. **god** [gad] [가ㄷ]

   명 신

   God helps those who help themselves.
   신은 스스로 돕는 사람을 돕는다. (=최선을 다하는 사람에게 행운도 따른다.)

7. **fault** [fɔːlt] [폴ㅌ]

   명 잘못, 단점

   The *fault*y batteries of your *laptop were replaced.
   노트북의 **불량** 배터리를 교체했습니다.

   *laptop
   : 휴대용컴퓨터

8. **suspect** [səspékt] [써ㅅ펙ㅌ]

   동 의심하다 명 용의자

   I *suspect* that the engine has a problem.
   나는 엔진에 문제가 있을 것이라고 **의심이 된다**.

9. **pause** [pɔːz] [포오즈]

   동 잠시 멈추다 명 멈춤

   The lady *pause*d looking at a flower on the street.
   숙녀는 길 위의 꽃을 보며 잠시 **멈추었다**.

10. **yell** [jel] [엘]

    동 소리치다

    She *yell*ed at him. "Watch out!"
    그녀는 그에게 **소리쳤다** "조심하세요!"

Self Evaluation : 빈칸에 알맞은 단어를 쓰세요.

1. I'm interested in ⬚s and essays as well
   as novels.
   나는 소설 뿐 아니라 **시**와 수필에도 흥미가 있다.

2. Your ⬚ will be *satisfied with it.
   부인께서 만족하실 거예요.   *2권-Day37

   *satisfied [sǽtisfàid]
   : 만족한

3. The ⬚ will start editing soon.
   편집자가 편집을 곧 시작할 것입니다.

4. The designer didn't ⬚ the idea.
   그 디자이너는 아이디어를 **훔치지** 않았다.

5. a ⬚ming (lesson /cap/suit)
   수영 (강습/모자/복)

6. ⬚ bless you!
   신의 가호가 있기를!

7. It was all my ⬚.
   그것은 전부 내 **잘못**이었다.

8. I ⬚ the truth of her *statement.
   나는 그녀가 말한 내용(*진술)의 진실성을 **의심한다**.

9. Could you ⬚ the music for a moment?
   음악을 잠시만 **멈추어** 주시겠습니까?

10. They ⬚ed at each other in the rain.
    그들은 비 속에서 서로에게 **소리쳤다**.

Self Test : 뜻을 아는 단어에 ☑ 표시하세요.

☐ 1. **error**
It's an *error* message while uploading.

☐ 2. **float**
The bottle is light enough to *float* on the water.

☐ 3. **promotion**
This is a program for health *promotion*.

☐ 4. **dinner**
I'd like to invite you to *dinner*.

☐ 5. **shock**
The news is a *shock*!

☐ 6. **floor**
What *floor* is the shop on?

☐ 7. **league**
He is a baseball player in the major *league*.

☐ 8. **arise**
Troubles may *arise* from the process.

☐ 9. **insist**
If you *insist*, I will not stop you.

☐ 10. **careful**
Drive *careful*ly on the wet road.

Learn : 모르는 단어 위주로 학습하세요

1. **error** [érər] [에러~]

> 명실수
>
> We need to pick out the *error*s.
> 실수가 있는 부분들을 찾아내야 합니다.

2. **float** [flout] [플로우트]

> 동떠오르다, 떠다니다
>
> A lot of balls are *float*ing on the river.
> 많은 공들이 강 위에 떠 있다.

3. **promotion** [prəmóuʃən] [프러모우션]

> 명승진, 홍보 활동
>
> He got a *promotion* this month.
> 그는 이번 달에 승진했다.

4. **dinner** [dínər] [디너~]

> 명저녁 식사
>
> Would you come over for *dinner* tonight?
> 오늘 밤 오셔서 저녁 식사 하시겠어요?.

5. **shock** [ʃak] [샤ㅋ]

> 명동충격[을 주다]
>
> I was *shock*ed by the accident.
> 난 그 사고에 충격을 받았습니다.

6. **floor** [flɔːr] [플로~]

　명 바닥, (건물의)층

　Take the *express elevator to the 10th *floor*. *2권-Day20
　10층까지 *급행 엘리베이터를 타세요.

7. **league** [liːg] [리이그]

　명 리그, 연맹

　The *League* of Nation was created for world peace.
　국제 연맹은 세계 평화를 위해 만들어졌다.

8. **arise** [əráiz] [어라이즈]

　동 생기다, 발생하다

　A crisis is likely to *arise*.
　위기가 발생할 것처럼 보인다.

9. **insist** [insíst] [인씨ㅅ트]

　동 우기다, 주장하다

　He *insist*ed that we should cut down on expenses.
　그는 우리가 지출을 줄여야 한다고 주장했다

10. **careful** [kéərfəl] [케어~플]

　형 조심하는, 주의깊은

　Be *careful* (**of** icy roads / **to** drive~).
　(얼어붙은 길을 / 운전할 때) 조심하세요.

✏ **Self Evaluation** : 빈칸에 알맞은 단어를 쓰세요.

1. It's an ⬚ message while uploading.
   이것은 파일 업로드하는 동안의 **에러** 문구입니다.

2. The bottle is light enough to ⬚ on the water.
   그 병은 물 위에 뜰 수 있을 정도로 가볍다.

3. This is a program for health ⬚.
   이것은 건강 **증진**을 위한 프로그램입니다.

4. I'd like to invite you to ⬚.
   당신을 **저녁 식사**에 초대하고 싶습니다.

5. The news is a ⬚ !
   그 소식은 **충격**입니다.

6. What ⬚ is the shop on?
   매장이 **몇 층**에 있습니까?

7. He is a baseball player in the major ⬚.
   그는 메이저 **리그**에서 뛰고 있는 야구 선수이다.

8. Troubles may ⬚ from the *process.   *2권-Day25
   과정에서 문제들이 **발생할** 수 있습니다.

9. If you ⬚, I will not stop you.
   당신이 **우긴다면**, 말리지 않겠습니다.

10. Drive ⬚ly on the wet road.
    젖은 도로에서 운전 **조심하세요.**

👉 **Self Test** : 뜻을 아는 단어에 ☑ 표시하세요.

☐ 1. **remind**
The movie *remind*s me of my school days.

☐ 2. **triumph**
Their *triumph* is unbelievable.

☐ 3. **wish**
I *wish* I could finish it soon.

☐ 4. **owner**
He is the previous *owner*.

☐ 5. **breast**
It was cooked with chicken *breast*.

☐ 6. **mate**
Male birds attract a *mate* with songs.

☐ 7. **candle**
It's too dark. Light the *candle*s!

☐ 8. **mention**
As *mention*ed before, it's no simple matter.

☐ 9. **succeed**
No doubt you will *succeed*.

☐ 10. **new**
I'm *new* here / to this city.

Learn : 모르는 단어 위주로 학습하세요

1. **remind** [rimáind] [리**마**인드]

圐상기시키다, 일깨우다

Please *remind* me to start on time.
제 시간에 출발하도록 **일깨워** 주세요.

2. **triumph** [tráiəmf] [**트라**이엄프]

圐승리

The *athlete enjoyed his *triumph* with a bottle of champagne.
그 *운동선수는 샴페인 병을 터뜨리며 **승리**를 자축했다.

3. **wish** [wiʃ] [위시]

圐…이면 좋겠다, 바라다 圐바람, 의도

We *wish* to *repurchase the same item.
같은 품목의 재구매를 **원합니다**. *1권-Day50

*re : "다시~하다"

4. **owner** [óunər] [**오**우너~]

圐주인, 소유주

She is the co-*owner* of the building.
그녀는 건물의 공동 **소유주**이다.

5. **breast** [brest] [브레ㅅ트]

圐가슴

He put a ribbon on the *breast*.
그는 **가슴**에 리본을 달았다.

6. **mate** [meit] [메일트]

> 명 친구, 짝
>
> She is an old *mate* of mine.
> 그녀는 나의 오랜 단짝입니다.

7. **candle** [kǽndl] [캔들]

> 명 양초
>
> We blew out the *candle*s.
> 우리는 촛불을 불어 껐다.

8. **mention** [ménʃən] [멘션]

> 동 말하다, 언급하다
>
> Don't *mention* it!
> 별 말씀을 다하세요! (정말 괜찮습니다.)

9. **succeed** [səksíːd] [썩씨이드]

> 동 성공하다
>
> *succeed* in (a new business)
> (새로운 사업에서) 성공하나.

10. **new** [nuː / njuː] [뉴]

> 형 새로운
>
> a *new* (employee / record)
> 신입 사원 / 이전에 없던 기록

/ Self Evaluation : 빈칸에 알맞은 단어를 쓰세요.

1. The movie [ ]s me of my school days.
   영화가 나의 학창 시절을 떠오르게 합니다.

2. Their [ ] is *unbelievable.
   그들의 승리는 믿을 수 없는 일이다. *2권-Day15

   *unbelievable [ʌnbilíːvəbl]
   : 믿을 수 없는

3. I [ ] I could finish it soon.
   그 일을 곧 끝낼 수 있으면 좋겠습니다.

4. He is the *previous [ ]. *1권-Day36
   그는 *이전 주인입니다.

5. It was cooked with chicken [ ].
   닭가슴살로 만든 것입니다.

6. Male birds *attract a [ ] with songs. *3권-Day9
   수컷 새들이 노래로 짝을 유혹한다.

7. It's too dark. Light the [ ]s!
   너무 어두워요. 양초를 켜 보세요!

8. As [ ]ed before, it's no simple matter.
   전에 언급했듯이, 쉬운 일이 아닙니다.

9. No doubt you will [ ].
   반드시 성공하실 거예요!

10. I'm [ ] here / to this city.
    (이곳은 / 이 도시는) 처음입니다.

👉 **Self Test** : 뜻을 아는 단어에 ☑ 표시하세요.

☐ 1. **respect**
　　I always *respect* my parents.

☐ 2. **affair**
　　The *affair* was reported by the press.

☐ 3. **ear**
　　I couldn't believe my *ear*s.

☐ 4. **district**
　　What is the best way to see that *district*?

☐ 5. **genuine**
　　Genuine courage is required for it.

☐ 6. **manner**
　　It will be done in a traditional *manner*.

☐ 7. **honor**
　　This is a great *honor*.

☐ 8. **consult**
　　Please *consult* this book.

☐ 9. **concentrate**
　　We can't *concentrate* on it now.

☐ 10. **obvious**
　　It's *obvious* that they don't care about it.

Learn : 모르는 단어 위주로 학습하세요

1. **respect** [rispékt] [리스펙ㅌ]

    명동 존경[하다]

    The teacher is well *respect*ed by many students.
    그 교사는 많은 학생들로부터 존경을 받고 있다.

2. **affair** [əféər] [어페어~]

    명 일, 문제

    deal with (a love *affair*/foreign *affair*s)
    연애 사건을/외교 문제를 다루다

3. **ear** [iər] [이어~]

    명 귀

    She plays by *ear*.
    그녀는 악보 없이 귀로 듣고 연주한다.

4. **district** [dístrikt] [디ㅅ트릭ㅌ]

    명 지구, 지역

    the shopping / theater *district*
    상점가 / 극장가

5. **genuine** [dʒénjuin] [제뉴인]

    형 진짜의, 진정한

    These are all *genuine* products.
    이것들은 모두 진품들입니다.

6. **manner** [mǽnər] [매너]

명태도, 예의, 방식

He spoke in a relaxed *manner*.
그는 편안한 태도로 말했다.

7. **honor** [ánər] [아너~]

명영광, 명예 동존경하다

He is a man *honor*ed by many people.
그는 많은 사람들의 존경을 받는 사람이다.

8. **consult** [kənsʌ́lt] [컨설트]

동상담하다

consult a lawyer (a doctor)
변호사(의사)로부터 (조언을 구하며)상의하다.

9. **concentrate** [kánsəntrèit] [칸쎈트레이트]

동집중하다

I have to *concentrate* on my work to meet a deadline.
마감일을 지키기 위해 나는 내 일에 집중해야만 한다.

10. **obvious** [ábviəs] [아비어쓰]

형분명한, 확실한

They *presented an *obvious* solution.   *1권-Day50
그들은 분명한 해결책을 *제시했다.

Self Evaluation : 빈칸에 알맞은 단어를 쓰세요.

1. I always [_____] my parents.
   나는 부모님을 항상 존경한다.

2. The [_____] was reported by the press.
   그 문제는 언론에 의해 보도되었다.

3. I couldn't believe my [_____]s.
   나는 내 귀를 의심했다. (믿을 수 없었다)

4. What is the best way to see that [_____]?
   그 지역을 구경하는 가장 좋은 방법이 무엇입니까?

5. [_____] courage is required for it.
   그 일을 위해 진정한 용기가 요구된다.

6. It will be done in a traditional [_____].
   그 일은 전통적인 방식으로 행해질 것입니다.

7. This is a great [_____].
   매우 영광입니다.

8. Please [_____] this book.
   이 책을 참고하십시오.

9. We can't [_____] on it now.
   우린 지금 그 일에 집중할 수가 없습니다.

10. It's [_____] that they don't *care about it. *1-Day33
    그들이 그 일에 관여하지 않음이 명백하다.

☀ **Self Evaluation** : 뜻을 아는 단어에 ☑ 표시하세요.

☐ 1 sand	☐ 18 suspect	☐ 35 breast
☐ 2 childhood	☐ 19 pause	☐ 36 mate
☐ 3 strain	☐ 20 yell	☐ 37 candle
☐ 4 bother	☐ 21 error	☐ 38 mention
☐ 5 cap	☐ 22 float	☐ 39 succeed
☐ 6 skirt	☐ 23 promotion	☐ 40 new
☐ 7 comment	☐ 24 dinner	☐ 41 respect
☐ 8 destroy	☐ 25 shock	☐ 42 affair
☐ 9 highlight	☐ 26 floor	☐ 43 ear
☐ 10 strict	☐ 27 league	☐ 44 district
☐ 11 poem	☐ 28 arise	☐ 45 genuine
☐ 12 wife	☐ 29 insist	☐ 46 manner
☐ 13 editor	☐ 30 careful	☐ 47 honor
☐ 14 steal	☐ 31 remind	☐ 48 consult
☐ 15 swim	☐ 32 triumph	☐ 49 concentrate
☐ 16 god	☐ 33 wish	☐ 50 obvious
☐ 17 fault	☐ 34 owner	

Review
7

배운 단어를 얼마나 기억하세요? 정답은 192page 참조
• 맞은 갯수 30개 이하: 수고하셨어요, 한 번만 더 복습^^
• 맞은 갯수 30개 이상: OK! 어려운 단어 복습
• 맞은 갯수 40개 이상: Very Good!!

🗝 Self Evaluation : 빈칸을 채워 보세요.

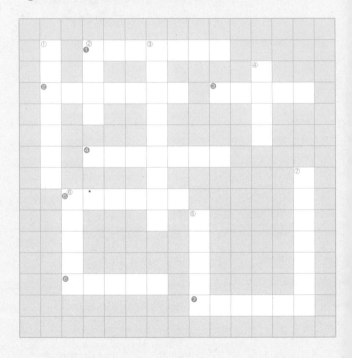

【세로열쇠】
①comment ②sand ③promotion ④wish ⑤honor ⑥wife
⑦succeed

【가로열쇠】
①suspect ②mention ③arise ④destroy ⑤editor
⑥error ⑦remind

⚲ [세로열쇠]

① There was no ⬚ from the agency.

② Enjoy a romantic ⬚ y beach!

③ This is a program for health ⬚.

④ I ⬚ I could finish it soon.

⑤ This is a great ⬚.

⑥ Your ⬚ will be satisfied with it.

⑦ No doubt you will ⬚!

⚏ [가로열쇠]

❶ I ⬚ the truth of her statement.

❷ As ⬚ ed before, it's no simple matter.

❸ Troubles may ⬚ from the process.

❹ Mountain areas should not be ⬚ ed.

❺ The ⬚ will start editing soon.

❻ It's an ⬚ message while uploading.

❼ Please ⬚ me to start on time.

Self Evaluation : 뜻 해석

1 모래	18 의심하다, 용의자	35 가슴
2 어린 시절	19 잠시 멈추다	36 친구, 짝
3 부담, 당기다	20 소리치다	37 양초
4 신경 쓰이게 하다, 괴롭히다	21 실수	38 말하다, 언급하다
5 모자	22 떠오르다, 떠다니다	39 성공하다
6 치마, 변두리	23 승진	40 새로운
7 논평, 언급	24 저녁식사	41 존경(하다)
8 파괴하다, 망치다	25 충격(을 주다)	42 일, 문제
9 강조하다	26 바닥, (건물의)층	43 귀
10 엄격한	27 리그, 연맹	44 지구, 지역
11 시	28 생기다, 발생하다	45 진짜의, 진정한
12 아내	29 우기다, 주장하다	46 태도, 예의
13 편집자(장), 논설위원	30 조심하는, 주의 깊은	47 영광, 존경하다
14 도둑질하다	31 상기시키다, 일깨우다	48 상담하다
15 수영하다	32 승리	49 집중하다
16 신	33 …이면 좋겠다, 바라다	50 분명한, 확실한
17 잘못, 단점	34 주인, 소유주	

왕초보 탈출 영단어 **ABC**

영단어
기본 다지기 Level 2

*Day
36 ~ **40**

이번 주에 배울 단어를 미리 살펴보세요!

1 slice	11 presence	21 detail	31 bake	41 cousin
2 courage	12 anxiety	22 storm	32 branch	42 all
3 operation	13 writer	23 proposal	33 heal	43 brick
4 emergency	14 meal	24 surprise	34 hurry	44 professor
5 homework	15 satisfaction	25 chapter	35 door	45 husband
6 lunch	16 female	26 award	36 pleasure	46 peace
7 engineer	17 trust	27 bag	37 pool	47 diet
8 suffer	18 justify	28 possess	38 approve	48 trick
9 throw	19 host	29 relieve	39 confirm	49 delay
10 stable	20 minor	30 forever	40 ancestor	50 shout

☞ Self Test : 뜻을 아는 단어에 ☑ 표시하세요.

....

☐ 1. **slice**
May I have a cup of tea with a *slice* of lemon?

☐ 2. **courage**
She didn't have the *courage* to refuse.

☐ 3. **operation**
This *operation* was well done.

☐ 4. **emergency**
Ring the bell in an *emergency*.

☐ 5. **homework**
I have to finish today's *homework*.

☐ 6. **lunch**
Oh, it's time for *lunch*.

Day
36

☐ 7. **engineer**
The *engineer* continued the same test.

☐ 8. **suffer**
The town *suffer*ed a heavy flood.

☐ 9. **throw**
Throw the key to me.

☐ 10. **stable**
The management doesn't seem *stable*.

Learn : 모르는 단어 위주로 학습하세요

1. **slice** [slais] [슬라이쓰]

명 (얇은)조각 동 (얇게)자르다

Would you like to have a *slice* of bread?
빵 한 조각 드시겠습니까?

2. **courage** [kə́:ridʒ] [커리지]

명 용기

It takes *courage* to start a new business.
새로운 사업을 시작하는 데 용기가 필요하다.

3. **operation** [àpəréiʃən] [아퍼레이션]

명 수술, 작업, 작전

She had an *operation* on her leg.
그녀는 다리 수술을 받았다.

> *operate
> : 작업(수술)하다

4. **emergency** [imə́:rdʒənsi] [이머~전씨]

명 비상(사태), 응급 상황

Let's *deal with an *emergency* first.
우선 응급 상황부터 처리합시다.

> *deal with
> : 다루다

5. **homework** [hóumwə:rk] [호움워~ㅋ]

명 숙제, 과제

Sam helped me with my *homework*.
쌤이 나의 숙제를 도와주었다.

6. lunch [lʌnʧ] [ㄹ런치]

명점심 식사

Let's talk about it over *lunch*.
점심 식사 하면서 논의합시다.

7. engineer [èndʒiníər] [엔지니어~]

명기술자, 수리공, (철도의) 기관사

How long have you been an *engineer*?
기술자로 일한지 얼마나 되셨습니까?

8. suffer [sʌ́fər] [써퍼~]

동고통받다, 시달리다

＊jet leg : 시차

suffer from (a loss / *jet leg)
(경제적 손실로 / *시차로(비행)) 고생하다

Day
36

9. throw [θrou] [쓰로우]

동던지다, 내몰다 명던지기

Please don't *throw* away garbage here.
쓰레기를 이 곳에 버리시 마세요.

10. stable [stéibl] [스테이블]

형안정적인

The records look *stable*.
기록이 안정적으로 보입니다.

✎ **Self Evaluation** : 빈칸에 알맞은 단어를 쓰세요.

1. May I have a cup of tea with a [   ] of lemon?
   홍차에 레몬 한 조각 띄워 주시겠어요?

2. She didn't have the [   ] to refuse.
   그녀는 거절할 용기가 없었다.

3. This [   ] was well done.
   이 사업은 순조롭게 진행되었다.

4. Ring the bell in an [   ].
   비상사태가 발생했을 시에는 그 벨을 울리시오.

5. I have to finish today's [   ].
   나는 오늘의 숙제를 마쳐야 한다.

6. Oh, it's time for [   ].
   아, 점심 식사시간입니다.

7. The [   ] continued the same test.
   공학자는 같은 실험을 계속했다.

8. The town [   ]ed a heavy flood.
   그 도시는 엄청난 물난리(홍수)를 겪었다.

9. [   ] the key to me.
   열쇠를 던져 주세요.

10. The management doesn't seem [   ].
    경영이 안정적으로 보이지 않는다.

☞ **Self Test** : 뜻을 아는 단어에 ☑ 표시하세요.

☐ 1. **presence**

Thank you for your *presence*!

☐ 2. **anxiety**

Anxiety kept her awake all night.

☐ 3. **writer**

She used to be a freelance *writer*.

☐ 4. **meal**

This *meal* fills the bill.

☐ 5. **satisfaction**

She signed on the sheet with *satisfaction*.

☐ 6. **female**

More *female* workers will be hired.

☐ 7. **trust**

gain/lose customers' *trust*

☐ 8. **justify**

She tried to *justify* herself.

☐ 9. **host**

The *host* prepared everything himself.

☐ 10. **minor**

Please understand *minor* changes.

Day
37

📖 **Learn** : 모르는 단어 위주로 학습하세요

---

1. **presence** [prézns] [프레즌쓰]

명 존재함, 참석

The robots sense our *presence*.
로봇이 우리의 존재를 인지합니다.

2. **anxiety** [æŋzáiəti] [앵자이어티]

명 불안감, 열망

have *anxieties* about (one's)future
미래에 대하여 불안감을 갖다.

3. **writer** [ráitər] [라이터~]

명 작가, 저술가

She is one of the most popular *writer*s.
그녀는 가장 인기 있는 저술가 중 한 명이다.

4. **meal** [mi:l] [미일]

명 식사, 끼니

Enjoy your *meal*!
식사 맛있게 잘 드세요!

5. **satisfaction** [sætisfǽkʃən] [쌔티쓰팩션]

명 만족, 충족

Their conditions meet our *satisfaction*.
그들의 조건이 만족스럽습니다.

---

6. **female** [fíːmeil] [피메일]

명 형 여성(의), 암컷(의)

The *female* tennis team lost the final.
여성 테니스팀이 결승에서 패배했다.

7. **trust** [trʌst] [트러ㅅ트]

명 동 신뢰, 신임[하다]

You don't have to worry! *Trust* me!
염려 안 하셔도 됩니다. 저를 믿으세요!

8. **justify** [dʒʌ́stəài] [저스트파이]

동 정당화하다, 해명하다

Let me *justify* our action.
우리의 조치에 대하여 해명해 드리겠습니다.

9. **host** [houst] [호우ㅅ트]

명 주최자, 주인 동 주최하다

We are *thankful to the *host*.
주최자에게 *감사한 마음입니다.

10. **minor** [máinər] [마이너~]

형 사소한, 작은 명 미성년자

Please forget about *minor* matters.
사소한 일은 신경 쓰지 마세요.

✐ **Self Evaluation** : 빈칸에 알맞은 단어를 쓰세요.

1. Thank you for your _____ !
   참석해 주셔서 감사합니다.

2. _____ kept her awake all night.
   불안감 때문에 그녀는 한숨도 못 잤다.

3. She used to be a freelance _____ .
   그녀는 자유 기고가(프리랜서 작가)였습니다.

4. This _____ *fills the bill.
   이 식사 훌륭합니다.

   > ✐ 'bill'계산서를 'fill'채우기에 부족함이 없다.

5. She signed on the *sheet with _____ .
   그녀는 만족하여 *용지에 서명했다.　*2권-Day30

6. More _____ workers will be hired.
   더 많은 여성 근로자들이 채용될 것이다.

7. gain/lose customers' _____
   고객들의 신뢰를 얻다/잃다.

8. She tried to _____ herself.
   그녀는 자신을 정당화하려고 노력했다.

9. The _____ prepared everything himself.
   주최자가 모든 것을 직접 준비했다.

10. Please understand _____ changes.
    작은 변경들이 있더라도 이해해 주시기 바랍니다.

👉 Self Test : 뜻을 아는 단어에 ☑ 표시하세요.

☐ 1. **detail**
Please explain the process in *detail*.

☐ 2. **storm**
The field is calm after the *storm*.

☐ 3. **proposal**
The management turned down the *proposal*.

☐ 4. **surprise**
I have a *surprise* for you.

☐ 5. **chapter**
Let's move on to the next *chapter*.

☐ 6. **award**
She was given the *award* for ~

☐ 7. **bag**
I didn't get my luggage *bag* yet.

☐ 8. **possess**
The police asked him if he *possess*ed real estate.

☐ 9. **relieve**
I need some medicine to *relieve* my pain.

☐ 10. **forever**
It seems to be going on *forever*.

📖 **Learn** : 모르는 단어 위주로 학습하세요

1. **detail** [ditéil] [디테일]

명 세부사항 동 상세히 말하다

the *detail*s of the plan/the goods
(계획/상품)에 관한 세부 사항

2. **storm** [stɔːrm] [ㅅ토오~엄]

명 폭풍

The town is prepared for the *storm*.
도시는 **폭풍**에 대비가 되어 있다.

3. **proposal** [prəpóuzəl] [프러포우절]

명 제안, 제의

They were all agreeable to our *proposal*.
그들은 모두 우리의 **제안**에 기꺼이 응했다.

4. **surprise** [sərpráiz] [써~프라이즈]

동 놀라게 하다 명 놀라움, 놀라운 일

His behavior *surprise*d everybody.
그의 행동은 모두를 놀라게 했다.

5. **chapter** [tʃǽptər] [챕터~]

명 (책의) 장

Our *contact number is in the last *chaper*.
마지막 장에 *연락처가 있습니다. *2권-Day8*

6. award [əwɔ́ːrd] [어워~드]

명상 동수여하다

(win / *present) an *award*   *1권-Day50

상을 (받다 / *주다)

7. bag [bæg] [백]

명가방, (가게 등의)봉투

I have some *bag*s to *check in.

보내야 할 짐이 있습니다.

*check
: 수하물로 보내다

8. possess [pəzés] [퍼제쓰]

동소유하다

He tried to *possess* new skills.

그는 새로운 기술을 보유하기 위해 노력했다.

9. relieve [rilíːv] [릴리이ㅂ]

동(문제의 심각성을) 완화하다, 안도(하게)하다

I feel *relieve*d to hear that.

그 밀을 들으니 안심이 됩니다.

Day
38

10. forever [fərévər] [퍼~에버~]

부영원히, 장시간

It takes *forever* to get there.

그곳까지 가는 데 장시간(너무 오래) 걸린다.

Self Evaluation : 빈칸에 알맞은 단어를 쓰세요.

1. Please explain the process in _____ .
   과정을 **상세히** 설명해 주세요.

2. The field is calm after the _____ .
   폭풍 뒤 들판이 고요하다.

3. The management turned down the _____ .
   경영진은 그 **제안**을 부결시켰다.

4. I have a _____ for you.
   뜻밖의 (놀라운) **소식**이 있어요.

5. Let's move on to the next _____ .
   다음 **장**으로 넘어갑시다.

6. She was given the _____ *for ~
   ~의 *대가로 **상**을 받았다

7. I didn't get my *luggage _____ yet.
   내 *짐을 아직 돌려받지 못했습니다..

   *luggage [lʌ́gɪdʒ
   : 짐, 수하물

8. The police asked him if he _____ ed real estate.
   경찰은 그에게 부동산을 **소유하고** 있는지 물었다.

9. I need some medicine to _____ my pain.
   고통을 **완화시켜** 줄 약이 필요하다.

10. It seems to be going on _____ .
    끝날 기미가 안 보여요. (매우 오래 **지속됨**을 의미)

☞ Self Test : 뜻을 아는 단어에 ☑ 표시하세요.

- ☐ 1. **bake**
  The ground was *bake*d in the sun.

- ☐ 2. **branch**
  He was sent to a *branch* office.

- ☐ 3. **heal**
  His knees have *heal*ed up.

- ☐ 4. **hurry**
  He set out in a *hurry*.

- ☐ 5. **door**
  Do you mind opening the *door*?

- ☐ 6. **pleasure**
  Traveling is one of my great *pleasure*s.

- ☐ 7. **pool**
  Frogs lay eggs in small *pool*s.

- ☐ 8. **approve**
  The committee *approve*d of the new system.

- ☐ 9. **confirm**
  review and *confirm* the details

- ☐ 10. **ancestor**
  People visit their *ancestor*s' graves on Chuseok.

Learn : 모르는 단어 위주로 학습하세요

1. **bake** [beik] [베잌ㅋ]

> 통(음식을) 굽다

I ordered *bake*d potatoes and juice.
구운 통 감자와 주스를 주문했다.

2. **branch** [bræntʃ] [브랜치]

> 명통나뭇가지, 지점, 갈라지다

The kid watched a bug on a *branch*.
아이는 나뭇가지 위의 벌레를 지켜보았다.

3. **heal** [hiːl] [히을]

> 명낫게 하다, 낫다

heal (cuts / sick people)
베인 상처를 / 아픈 사람들을 치유하다

4. **hurry** [hə́ːri] [허~리]

> 통서두르다 명서두름

He *hurried* on to the taxi stand.
그는 서둘러 택시 승강장으로 갔다.

hurry로 말하기
There's no hurry.
서두를 필요 없습니다.
I'm in a hurry.
시간이 없어요. (좀 급합니다.)

5. **door** [dɔːr] [도~]

> 명문

Unlock the *door* with this key.
이 열쇠로 잠긴 문을 여세요.

6. **pleasure** [pléʒər] [플레져~]

　명기쁨, 즐거움

　It's a *pleasure* to give you good news.
　좋은 소식을 전하게 되어 기쁩니다.

7. **pool** [pu:l] [푸울]

　명수영장, 웅덩이

　He swims at a local swimming *pool*.
　그는 동네 수영장에서 수영을 한다.

8. **approve** [əprú:v] [어푸루우브]

　동찬성하다, 승인하다

　Smoking is not *approve*d in many places.
　흡연이 많은 곳에서 허용되지 않고 있다.

9. **confirm** [kənfə́:rm] [컨퍼~엄]

　동확인하다, 확정하다

　confirm a *reservation on the phone
　전화로 예약을 확인하다.   *1권-Day47 'reserve 예약하다'의 명사!

10. **ancestor** [ǽnsestər] [앤쎄스터~]

　명선조, 조상

　It is a custom from our *ancestor*s.
　이것은 조상들로부터 내려온 우리의 관습이다.

✎ Self Evaluation : 빈칸에 알맞은 단어를 쓰세요.

1. The ground was [   ]d in the sun.
   땅이 햇볕에 달구어졌다.

2. He was sent to a [   ] office.
   그는 지점으로 파견되었다(보내졌다).

3. His knees have [   ]ed up.
   그의 무릎이 다 나았습니다.

4. He *set out in a [   ].
   그는 서둘러 *출발했다.

5. Do you *mind opening the [   ]?
   문을 열어도 될까요? (문 여는것이 혹시 싫으십니까? *mind:꺼리다 1-Day31)

6. Traveling is one of my great [   ]s.
   여행은 나의 큰 즐거움 중의 하나이다.

7. Frogs lay eggs in small [   ]s.
   개구리들은 작은 웅덩이에 알을 낳는다.

8. The committee [   ]d of the new system.
   위원회는 새로운 제도를 승인했다.

9. review and [   ] the *details
   세부 사항들을 검토하고 확인하다   *2권-Day38

10. People visit their [   ]s' *graves on Chuseok.
    사람들은 추석 때면 조상의 *묘를 찾는다.

👉 **Self Test** : 뜻을 아는 단어에 ☑ 표시하세요.

- [ ] 1. **cousin**
  I have a lot in common with my *cousin*s.

- [ ] 2. **all**
  These are *all* of my notes.

- [ ] 3. **brick**
  It is just behind the *brick* wall.

- [ ] 4. **professor**
  the youngest *professor* in the field of~

- [ ] 5. **husband**
  My *husband* will drive me to work.

- [ ] 6. **peace**
  They have lived in *peace* for years.

- [ ] 7. **diet**
  I'm on a *diet* for weight control.

- [ ] 8. **trick**
  He showed us a magic *trick*.

- [ ] 9. **delay**
  It is due to the *delay* of the train.

- [ ] 10. **shout**
  She *shout*ed for joy at the news.

Learn : 모르는 단어 위주로 학습하세요

1. **cousin** [kΛzn] [커즌]

> 명 사촌

> My *cousin* *bought me a wedding gift.
> 사촌 동생이 내게 결혼 선물을 사주었다.

> *bought [bɔːt]
> : 'buy 사다'의 과거

2. **all** [ɔːl] [오올]

> 대 모두 부 완전히 형 모든

> It's a good chance for *all* of us.
> 우리들 모두에게 좋은 기회이다.

3. **brick** [brik] [브릭ㅋ]

> 명 벽돌

> The house is built of *brick*.
> 그 집은 벽돌로 지어졌다.

4. **professor** [prəfésər] [프러풰써~]

> 명 교수

> What do you think about *Professor* Grace's lecture?
> Grace 교수님의 강의를 들은 소감이 어떠세요?

5. **husband** [hΛzbənd] [허즈번드]

> 명 남편

> My dad is an ideal *husband* for my mom.
> 아버지는 어머니에게 이상적인 남편이다.

6. **peace** [pi:s] [피이쓰]

〔명〕평화

an effort for global *peace*
세계 평화를 위한 노력

7. **diet** [dáiət] [다이어트]

〔명〕식이요법, 식사

I recommend a plant-based *diet*.
채식 위주의 식단을 제안합니다.

8. **trick** [trik] [트릭ㅋ]

〔명〕묘책, 장난 〔동〕속이다

We need a *trick* to deal with it.
그 일을 다루려면 묘책이 필요합니다.

9. **delay** [diléi] [딜레이]

〔명〕지연, 지체 〔동〕미루다, 연기하다

All TV programs are being *delay*ed.
모든 텔레비전 프로그램들이 지연되고 있다

10. **shout** [ʃaut] [샤울ㅌ]

〔명〕〔동〕고함(치다), 외치다

shout [at] her / *shout* [to] her
(화가 나서)외치다 / (들리도록 크게)외치다

✎ *잠깐!
at/to 뜻의 차이에 유의!!

✎ **Self Evaluation** : 빈칸에 알맞은 단어를 쓰세요.

1. I *have a lot in common with my [   ]s.
   나는 사촌과 공통점이 많다.

   *have a lot in
   common with
   : 공통점이 많다.
   *1-Day29

2. These are [   ] of my notes.
   이것이 내가 메모한 전부입니다.

3. It is just behind the [   ] wall.
   그것은 벽돌담 바로 뒤에 있다.

4. the youngest [   ] in the field of~
   ~분야에서 최연소 교수

5. My [   ] will drive me to work.
   남편이 직장까지 차로 운전해 줄 거예요.

6. They have lived in [   ] for years.
   그들은 수년간 평화롭게 지냈다.

7. I'm on a [   ] for weight control.
   나는 체중 조절을 위해 식이 요법을 하고 있습니다.

8. He showed us a *magic [   ].
   그는 우리 앞에서 *마술을 선보였다.

9. It is due to the [   ] of the train.
   이 일은 기차의 연착으로 인한 것입니다.

10. She [   ]ed for joy at the news.
    그녀는 소식을 듣고 기뻐서 외쳤다.

Self Evaluation : 뜻을 아는 단어에 ☑ 표시하세요.

☐ 1 slice	☐ 18 justify	☐ 35 door
☐ 2 courage	☐ 19 host	☐ 36 pleasure
☐ 3 operation	☐ 20 minor	☐ 37 pool
☐ 4 emergency	☐ 21 detail	☐ 38 approve
☐ 5 homework	☐ 22 storm	☐ 39 confirm
☐ 6 lunch	☐ 23 proposal	☐ 40 ancestor
☐ 7 engineer	☐ 24 surprise	☐ 41 cousin
☐ 8 suffer	☐ 25 chapter	☐ 42 all
☐ 9 throw	☐ 26 award	☐ 43 brick
☐ 10 stable	☐ 27 bag	☐ 44 professor
☐ 11 presence	☐ 28 possess	☐ 45 husband
☐ 12 anxiety	☐ 29 relieve	☐ 46 peace
☐ 13 writer	☐ 30 forever	☐ 47 diet
☐ 14 meal	☐ 31 bake	☐ 48 trick
☐ 15 satisfaction	☐ 32 branch	☐ 49 delay
☐ 16 female	☐ 33 heal	☐ 50 shout
☐ 17 trust	☐ 34 hurry	

배운 단어를 얼마나 기억하세요? 정답은 218page 참조
- 맞은 갯수 30개 이하: 수고하셨어요. 한 번만 더 복습^^
- 맞은 갯수 30개 이상: OK! 어려운 단어 복습
- 맞은 갯수 40개 이상: Very Good!!

🔑 Self Evaluation : 빈칸을 채워 보세요.

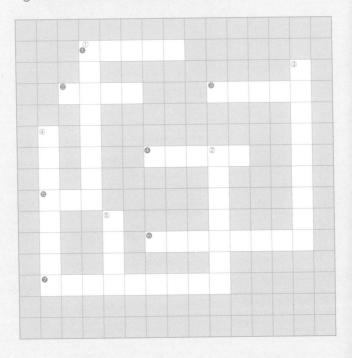

🔑 [세로열쇠]

① The management turned down the ⬚.

② ⬚ kept her awake all night.

③ the youngest ⬚ in the field of~

④ Traveling is one of my great ⬚s.

⑤ Do you mind opening the ⬚?

🔑 [가로열쇠]

❶ They have lived in ⬚ for years.

❷ The ⬚ prepared everything himself.

❸ Please understand ⬚ changes.

❹ It is due to the ⬚ of the train.

❺ These are ⬚ of my notes.

❻ People visit their ⬚s' graves on Chuseok.

❼ Ring the bell in an ⬚.

Self Evaluation : 뜻 해석

1 (얇은)조각, (얇게)썰다	18 정당화하다	35 문
2 용기	19 주최자, 주인	36 기쁨, 즐거움
3 수술, 작업, 작전	20 사소한, 작은	37 수영장, 웅덩이
4 비상(사태)	21 세부사항	38 찬성하다, 승인하다
5 숙제, 과제	22 폭풍	39 확인하다, 확정하다
6 점심식사	23 제안, 제의	40 선조, 조상
7 기술자, 수리공	24 놀라게 하다	41 사촌
8 고통받다, 시달리다	25 (책의) 장	42 모두, 모든
9 던지다	26 상	43 벽돌
10 안정적인	27 가방, 봉투	44 교수
11 존재함, 참석	28 소유하다	45 남편
12 불안감, 열망	29 완화하다, 안도하다	46 평화
13 작가, 저술가	30 영원히	47 식이요법
14 식사, 끼니	31 (음식을) 굽다	48 묘책, 장난
15 만족, 충족	32 나뭇가지, 지점	49 지연, 미루다
16 여성(의), 암컷(의)	33 낮게 하다, 낮다	50 고함(치다), 외치다
17 신뢰, 신임(하다)	34 서두르다	

왕초보 탈출 영단어 **ABC**

영단어
기본 다지기 Level 2

*Day
41 ~ 45

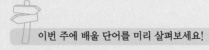
1 lie	11 tip	21 poet	31 voyage	41 arrival
2 mixture	12 mud	22 passenger	32 window	42 bathroom
3 desk	13 pour	23 outcome	33 request	43 honey
4 client	14 tension	24 grade	34 bar	44 any
5 mouth	15 bottle	25 brother	35 coach	45 ladder
6 mail	16 clue	26 roll	36 ship	46 closet
7 ignore	17 retain	27 permit	37 dig	47 parent
8 calculate	18 settle	28 criticize	38 admire	48 extend
9 surround	19 reveal	29 senior	39 behavior	49 sick
10 aside	20 famous	30 hunt	40 angry	50 mad

👉 Self Test : 뜻을 아는 단어에 ☑ 표시하세요.

☐ 1. **lie**
I had to tell a white *lie* at that time.

☐ 2. **mixture**
Apply the *mixture* on the skin.

☐ 3. **desk**
Your *desk* is a mess.

☐ 4. **client**
The *client* requested the same data from me.

☐ 5. **mouth**
mouth-watering dishes

☐ 6. **mail**
I replied as soon as I received his *mail*.

☐ 7. **ignore**
The driver *ignore*d the rules.

☐ 8. **calculate**
Let's *calculate* our income.

☐ 9. **surround**
A crowd *surround*ed the genius girl.

☐ 10. **aside**
She pulled the curtain *aside*.

Learn : 모르는 단어 위주로 학습하세요

1. **lie** [lai] [ㄹ라이]

> 명눕다, 거짓말 하다

She *lie*s awake every night.
그녀는 매일 밤 잠을 이루지 못하고 있다.

2. **mixture** [míksʧər] [믹스처~]

> 명혼합물

Add some sauce to the *mixture*.
혼합물에 소스를 넣으십시오.

3. **desk** [desk] [데스크]

> 명책상

Would you leave a message on the *desk*?
책상 위에 메모를 남겨 주시겠어요?

4. **client** [kláiənt] [클라이언트]

> 명(전문 서비스를 받는) 고객, 의뢰인

My *client*s are interested in coming to Korea.
내 고객들이 한국 방문에 관심이 있습니다.

5. **mouth** [mauθ] [마우쓰]

> 명입

The rumor *spread from *mouth* to *mouth*.
소문이 입에서 입으로 퍼졌다. *2-Day4

6. **mail** [meil] [메일]

명우편 통우편물을 발송하다

I didn't check my *mail* for a few days.
한동안(며칠간) 메일을 확인하지 못했다.

7. **ignore** [ignɔ́:r] [이ㄱ노~]

동무시하다

Please *ignore* this sound!
이 소리에 개의치 마세요!

8. **calculate** [kǽlkjulèit] [캘큘레일ㅌ]

동계산하다

calculate the *interest /the total amount
이자를 /총액을 계산하다. *1-Day26

9. **surround** [səráund] [써라운드]

동둘러싸다

I can't see it *surround*ed by fog.
안개로 둘러싸여 있어서 잘 안 보입니다

10. **aside** [əsáid] [어싸이드]

부한쪽으로

Put these boxes *aside*!
이 상자들을 한쪽으로 치우세요!

Self Evaluation : 빈칸에 알맞은 단어를 쓰세요.

1. I had to tell a *white [   ] at that time.
   그 때는 선의의 거짓말을 해야 했다.

   * white lie
   : 선의의 거짓말

2. Apply the [   ] on the skin.
   섞은 것을 피부에 바르세요.

3. Your [   ] is a mess.
   당신 **책상**이 엉망이네요.

4. The [   ] requested the same data from me.
   그 **고객**이 나로부터(나에게) 같은 자료를 요청했다.

5. [   ]-watering dishes
   (입에)군침이 도는 요리들

6. I replied as soon as I received his [   ].
   나는 친구의 메일을 받자 마자 답장을 썼다.

7. The driver [   ]d the rules.
   운전자는 규칙을 무시했다.

8. Let's [   ] our income.
   우리의 수입을 계산해 봅시다.

9. A crowd [   ]ed the *genius girl.
   군중들이 *천재 소녀를 에워쌌다.

10. She pulled the curtain [   ].
    그녀는 커튼을 한쪽으로 당겼다.

👉 **Self Test** : 뜻을 아는 단어에 ☑ 표시하세요.

☐ 1. **tip**
Watch out for the *tip* of the knife!

☐ 2. **mud**
There is *mud* all over the floor.

☐ 3. **pour**
She *pour*ed the sauce over the salad.

☐ 4. **tension**
Her voice *shook with *tension*.

☐ 5. **bottle**
You can open this *bottle* easily!

☐ 6. **clue**
Scientific evidence will be a *clue*.

☐ 7. **retain**
It's difficult to *retain* the same level.

☐ 8. **settle**
We agreed to *settle* out of court case.

☐ 9. **reveal**
He *reveal*ed his special methods.

☐ 10. **famous**
It is *famous* as a traditional building.

Learn : 모르는 단어 위주로 학습하세요

1. tip [tip] [팁]

> 몡조언, (뾰족한)끝, 정보 통기울이다, 젖히다
>
> *tip*s for traveling abroad
> 해외 여행을 위한 정보

2. mud [mʌd] [머드]

> 몡진흙
>
> My car is parked in the *mud*.
> 내 차가 진흙탕에 주차되어 있다.

3. pour [pɔːr] [포오~]

> 통붓다, 마구 쏟아지다
>
> walk in the *pour*ing rain
> 쏟아지는 빗속을 걷다.

4. tension [ténʃən] [텐션]

> 몡긴장
>
> The anger and *tension* can bring on a heart attack.
> 분노와 긴장이 심장 마비를 일으킬 수 있다.

5. bottle [bάtl] [바틀]

> 몡병
>
> Touch the *bottle*s carefully!
> 병들은 주의해서 다뤄주세요!

6. **clue** [klu:] [클루]

명단서, 실마리

Everything he says is a *clue*.
그는 하는 모든 말이 단서이다.

7. **retain** [ritéin] [리테인]

통유지하다

It's important to *retain* its *quality. *1-Day57
*품질을 유지하는 것이 중요합니다.

8. **settle** [sétl] [쎄틀]

통해결하다, 결정하다, 정착하다

The problems were all *settle*d.
문제들이 모두 해결되었다.

9. **reveal** [rivíːl] [리비을]

통드러내다

All *details were *reveal*ed by his report.
*상세한 내용은 그의 보고에서 드러났다. *1) Day38

10. **famous** [féiməs] [페이머쓰]

형유명한

What is this place *famous* for?
이 지역은 무엇으로 유명합니까?

/ **Self Evaluation** : 빈칸에 알맞은 단어를 쓰세요.

1. *Watch out for the [   ] of the knife!
   칼 끝을 조심하세요!

   > *watch out for
   > : ~를 조심하다

2. There is [   ] all over the floor.
   바닥이 진흙투성이다.

3. She [   ]ed the sauce over the salad.
   그녀는 샐러드에 소스를 부었다.

4. Her voice *shook with [   ].
   긴장을 해서 그녀의 목소리가 떨렸다.   *2-Day48

5. You can open this [   ] easily!
   이 병은 쉽게 열립니다!

6. Scientific *evidence will be a [   ].   *3-Day53
   과학적 증거가 단서가 될 것입니다.

7. It's difficult to [   ] the same level.
   같은 수준을 유지하기가 어렵다.

8. We agreed to [   ] out of court case.
   우리는 법정까지 가지 않고 해결하기로 동의했다.

9. He [   ]ed his special methods.
   그는 그의 특별한 방법들을 드러냈다.

10. It is [   ] as a traditional building.
    그것은 전통적으로 지은 건물로 유명하다.

Self Test : 뜻을 아는 단어에 ☑ 표시하세요.

☐ 1. **poet**
The *poet* is remembered by many people.

☐ 2. **passenger**
The terminal was jammed with *passenger*s.

☐ 3. **outcome**
Whatever the *outcome*, I'm all right.

☐ 4. **grade**
All the fruits are *grade*d here.

☐ 5. **brother**
He gets along with his *brother*.

☐ 6. **roll**
Roll up the carpet in this way!

☐ 7. **permit**
Taking pictures is not *permit*ted here.

☐ 8. **criticize**
Stop *criticiz*ing my team members!

☐ 9. **senior**
Senior staff may refuse to do it.

☐ 10. **hunt**
*Hunt*ing is not allowed on this mountain.

Learn : 모르는 단어 위주로 학습하세요

1. **poet** [póuit] [포우잍트]

명 시인

The *poet* was inspired by the sea.
그 시인은 바다에 의해 영감을 받았다.

2. **passenger** [pǽsəndʒər] [패쓴저~]

명 승객

carry / hold many *passenger*s
많은 승객들을 나르다 / 수용하다

3. **outcome** [áutkʌm] [아웃컴]

명 결과

The *outcome* of the game was *surprising. *2-Day38
경기의 결과는 놀라웠다.

4. **grade** [greid] [그레이드]

명 등급, 성적, 학년 통 (등급을)분류하다

She is busy *grad*ing tests.
그녀는 시험을 채점하느라 바쁘다.

5. **brother** [brʌ́ðər] [브라더~]

명 형, 오빠, 남동생

(elder/younger/twin)*brother*
형, 오빠/남동생/쌍둥이 남자형제

6. **roll** [roul] [로울]

> 명말아 놓은 것 동구르다
>
> I need a *roll* of tissue (foil).
> 휴지(호일) 한 롤이 필요합니다.

7. **permit** [pərmít] [퍼~밑ㅌ]

> 명동허락(하다)
>
> You can't go out without a *permit*.
> **허락** 없이 나갈 수 없습니다.

8. **criticize** [krítəsàiz] [크리터싸이즈]

> 동비평하다, 비난하다
>
> His *proposal was not *criticize*d.
> 그의 *제안은 **비난받지 않았다.** *2-Day38

9. **senior** [síːnjər] [씨니어~]

> 형명연장자(의), (고교, 대학)의 상급생
>
> It's the seat for *senior citizens.
> 이것은 *어르신늘늘 위한 쇠식입니다.

10. **hunt** [hʌnt] [헌트]

> 형사냥하다, 뒤지다 명물색, 사냥
>
> Bats *hunt* for food at night.
> 박쥐들은 먹이를 위해 밤에 **사냥**을 한다.

✎ Self Evaluation : 빈칸에 알맞은 단어를 쓰세요.

1. The ⬚ is remembered by many people.
   그 시인은 많은 사람들에게 기억되고 있다.

2. The terminal was *jammed with ⬚ s.
   터미널은 승객들로 *붐볐다.

3. *Whatever the ⬚ , I'm all right.
   결과가 무엇*이든 나는 괜찮아요.

   *ever : ~이든
   ex) whenever
   언제든지

4. All the fruits are ⬚ d here.
   모든 과일은 이 곳에서 등급이 매겨진다.

5. He *gets along with his ⬚ .
   그는 그의 형제와 사이가 좋다.

   *get along with
   : ~와 잘 지내다.

6. ⬚ up the carpet in this way!
   카펫을 이렇게 말아요!

7. Taking pictures is not ⬚ ted here.
   사진 촬영이 금지되어 있습니다.

8. Stop ⬚ ing my team members!
   팀원들에 대한 비판을 멈춰 주십시오.

9. ⬚ staff may *refuse to do it.   *2-Day27
   고위급 직원들이 아마도 *거절할 것 같다.

10. ⬚ ing is not allowed on this mountain.
    이 산에서는 사냥이 허용되지 않는다.

Self Test : 뜻을 아는 단어에 ☑ 표시하세요.

□ 1. **voyage**
   Their return *voyage* took more time.

□ 2. **window**
   Look out the *window*! It started to snow.

□ 3. **request**
   We changed the picture at your *request*.

□ 4. **bar**
   I've tried the new salad *bar*.

□ 5. **coach**
   He *coach*ed the team for years.

□ 6. **ship**
   There are monthly events on board a *ship*.

□ 7. **dig**
   The farmer is *dig*ging up potatoes.

□ 8. **admire**
   I *admire* your passion.

□ 9. **behavior**
   His *behavior* is not understandable.

□ 10. **angry**
   He was *angry* with their actions.

📖 **Learn** : 모르는 단어 위주로 학습하세요

1. **voyage** [vɔ́iidʒ] [보이쥐]

명항해

I'm going to go on a long sea *voyage*.
나는 긴 항해를 떠날 예정이다.

2. **window** [wíndou] [윈도우]

명창문

Please *leave the *window* open!
창문을 열어 두세요. *1-Day56

3. **request** [rikwést] [리퀘ㅅ트]

명동요청[하다]

We sent you the *request*ed photos.
요청하신 사진들을 보냈습니다.

4. **bar** [ba:r] [바~]

명바(카운터), 막대기 동(길을)막다

bar them from (~)
그들이 ~를 못하도록 하다

5. **coach** [koutʃ] [코우치]

명코치 동지도하다

The *coach* *extended his contract.
코치는 계약을 연장했다. *2-Day45

6. ship [ʃip] [쉽]

명 배, 선박 동 운송하다

Their goods are *ship*ped to Europe.
그들의 상품은 유럽으로 선박을 통해 운송된다.

7. dig [dig] [딕]

동 (구멍 등을)파다, 캐다

They started *dig*ging a tunnel.
그는 (땅을 파서)터널 뚫는 일을 시작했다.

8. admire [ædmáiər] [어드마이어~]

동 존경하다, 감탄하다

People *admire*d his movies.
사람들은 그가 만든 영화를 보고 감탄했다.

9. behavior [bihéivjər] [비헤이비어~]

명 행동, 태도

*overlook
: 눈감아주다, 간과하다

He won't *overlook my *behavior*.
그가 나의 행동에 대해 그냥 넘어가지는 않을 거예요.

10. angry [ǽŋgri] [앵그리]

형 화난

I am *angry* *about it / *at myself.
(~)에 대하여 화가 난다. / 내자신에게 화가 난다.

✏️ **Self Evaluation** : 빈칸에 알맞은 단어를 쓰세요.

1. Their *return [   ] took more time.
   *돌아오는 항해 길은 시간이 더 걸렸다. *1-Day45

2. Look out the [   ] ! It started to snow.
   창문 밖을 보세요! 눈이 오기 시작했어요.

3. We changed the picture at your [   ].
   당신의 요청에 따라 사진을 대체했습니다.

4. I've tried the new salad [   ].
   새로 생긴 샐러드 바에 가 본 적이 있다.

5. He [   ]ed the team for years.
   그는 그 팀을 수년간 지도했다.

6. There are monthly events on board a [   ].
   배 위에서 매달 행사가 열린다.

7. The farmer is [   ]ging up potatoes.
   농부가 감자를 캐내고 있다.

8. I [   ] your passion.
   나는 당신의 열정을 존경합니다.

9. His [   ] is not understandable.
   그의 행동이 이해가 되지 않는다.

10. He was [   ] with their actions.
    그는 그들의 조치에 화가 났다.

👉 Self Test : 뜻을 아는 단어에 ☑ 표시하세요.

□ 1. **arrival**
   Their *arrival* is 5 hours earlier.

□ 2. **bathroom**
   I'm looking for *bathroom* articles.

□ 3. **honey**
   I *put* honey instead of sugar.

□ 4. **any**
   Are there *any* messages for me?

□ 5. **ladder**
   We can't reach it without a *ladder* truck.

□ 6. **closet**
   Can you move the kitchen *closet* to the right?

□ 7. **parent**
   My *parent*s supported my plan.

□ 8. **extend**
   This road will *extend* to the factory.

□ 9. **sick**
   Take this pill when you feel *sick*.

□ 10. **mad**
   Teenagers are *mad* about his music.

📖 **Learn** : 모르는 단어 위주로 학습하세요

1. **arrival** [əráivəl] [어라이블]

　명도착

You'll get paid on your *arrival*.
도착하시는 즉시 지급하겠습니다.　　'2-Day45

2. **bathroom** [bǽθrùːm] [배쓰룸]

　명욕실, 화장실

The *bathroom* is around the corner.
모퉁이를 돌면 화장실이 있습니다.

3. **honey** [hʌ́ni] [허니]

　명꿀, (호칭으로)자기, 여보

Honey will help against a cold.
꿀이 감기에 도움이 될 거예요.

4. **any** [éni] [애니]

　부조금도 형아무 대무슨, 어떤

*Any*time will be fine for me.
저는 아무 때나 괜찮습니다.

5. **ladder** [lǽdər] [ㄹ래더~]

　명사다리

I need a *ladder* to fix the *ceiling.
천장을 수리하려면 사다리가 필요합니다.

*ceiling [síːliŋ]
: 천장

6. **closet** [klάzit] [클라짙]

　　명벽장

　　The samples are *stored in a *closet*.
　　견본품들은 벽장 안에 보관되어 있다.

*stored
: 보관된 1-Day 43참고

7. **parent** [pέərənt] [페어런트]

　　명부모(아버지 또는 어머니)

　　He was raised by his *parent*s' love.
　　그는 부모님의 사랑으로 키워졌다.

양친: parents

8. **extend** [iksténd] [익ㅆ텐드]

　　통연장하다, 확대하다

　　The company plans to *extend* its business.
　　회사에서 사업을 확대할 계획을 하고 있다.

9. **sick** [sik] [씪ㅋ]

　　형아픈, 병든, 메스꺼운

　　James *called in *sick* this morning.
　　제임스가 오늘 오전 전화로 병결을 *알렸습니다.

• 'sick'으로 말하기!
　ex) I get carsick : 차멀미를 합니다
　　I am sick of : ~에 싫증이 났어요

10. **mad** [mæd] [매드]

　　형(~에)미친, 열중한, 터무니 없는

　　They are *mad* about new technology.
　　그들은 신기술에 (온 정신을 다해)열중해 있다.

/ **Self Evaluation** : 빈칸에 알맞은 단어를 쓰세요.

1. Their ⬚ is 5 hours earlier.
   그들의 도착이 5시간 더 빨라졌습니다.

2. I'm looking for ⬚ *articles.
   욕실*용품을 찾고 있어요.

3. I ⬚ honey *instead of sugar.   *1-Day41
   나는 설탕대신 꿀을 넣습니다.

4. Are there ⬚ messages for me?
   저에게 온 어떤 전달 사항(이라도) 있습니까?

5. We can't reach it without a ⬚ truck.
   사다리차 없이는 닿을 수 없겠는데요.

6. Can you move the kitchen ⬚ to the right?
   주방 찬장을 우측으로 움직일 수 있습니까?

7. My ⬚s supported my plan.
   부모님께서 나의 계획을 지원해 주셨다.

8. This road will ⬚ to the *factory.
   이 도로는 *공장까지 연장될 것이다.

9. Take this *pill when you feel ⬚.
   속이 불편할 때 이 *알약을 복용하세요.

10. Teenagers are ⬚ about his music.
    십 대들이 그의 음악에 열광한다.

Self Evaluation : 뜻을 아는 단어에 ☑ 표시하세요.

☐ 1 lie	☐ 18 settle	☐ 35 coach
☐ 2 mixture	☐ 19 reveal	☐ 36 ship
☐ 3 desk	☐ 20 famous	☐ 37 dig
☐ 4 client	☐ 21 poet	☐ 38 admire
☐ 5 mouth	☐ 22 passenger	☐ 39 behavior
☐ 6 mail	☐ 23 outcome	☐ 40 angry
☐ 7 ignore	☐ 24 grade	☐ 41 arrival
☐ 8 calculate	☐ 25 brother	☐ 42 bathroom
☐ 9 surround	☐ 26 roll	☐ 43 honey
☐ 10 aside	☐ 27 permit	☐ 44 any
☐ 11 tip	☐ 28 criticize	☐ 45 ladder
☐ 12 mud	☐ 29 senior	☐ 46 closet
☐ 13 pour	☐ 30 hunt	☐ 47 parent
☐ 14 tension	☐ 31 voyage	☐ 48 extend
☐ 15 bottle	☐ 32 window	☐ 49 sick
☐ 16 clue	☐ 33 request	☐ 50 mad
☐ 17 retain	☐ 34 bar	

Review
9

배운 단어를 얼마나 기억하세요? 정답은 244page 참조
• 맞은 갯수 30개 이하: 수고하셨어요. 한 번만 더 복습^^
• 맞은 갯수 30개 이상: OK! 어려운 단어 복습
• 맞은 갯수 40개 이상: Very Good!!

🔑 Self Evaluation : 빈칸을 채워 보세요.

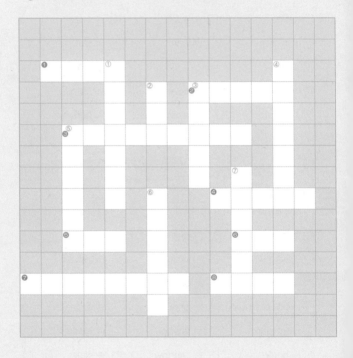

🔑 [세로열쇠]

① Her voice shook with _____ .

② I had to tell a white _____ at that time.

③ He was _____ with their action.

④ We changed the picture at your _____ .

⑤ My _____ s supported my plan.

⑥ The _____ requested the same data from me.

⑦ Their return _____ took more time.

🗝 [가로열쇠]

❶ _____ ing is not allowed on this mountain..

❷ She pulled the curtain _____ .

❸ The terminal was jammed with _____ s.

❹ _____ -watering dishes.

❺ Watch out for the _____ of the knife.

❻ Are there _____ messages for me?

❼ A crowd _____ ed a genius girl.

❽ Your _____ is a mess.

☀ Self Evaluation : 뜻 해석

1 눕다, 거짓말 하다	18 해결하다, 결정하다	35 코치
2 혼합물	19 드러내다	36 배, 선박
3 책상	20 유명한	37 파다, 캐다
4 고객	21 시인	38 존경 · 감탄하다
5 입	22 승객	39 행동, 태도
6 우편	23 결과	40 화난
7 무시하다	24 등급, 성적(을 매기다)	41 도착
8 계산하다	25 형, 오빠, 남동생	42 욕실, 화장실
9 둘러싸다	26 말아놓은것, 구르다	43 꿀, (호칭으로)자기, 여보
10 한쪽으로	27 허락하다	44 조금도, 아무
11 (뾰족한)끝, 정보	28 비평하다, 비난하다	45 사다리
12 진흙	29 연장자(의), 상급생	46 벽장
13 붓다, 마구 쏟아지다	30 사냥하다, 뒤지다	47 부모 (아버지 혹은 어머니)
14 긴장	31 항해	48 연장하다, 확대하다
15 병	32 창문	49 아픈, 메스꺼운
16 단서, 실마리	33 요청(하다)	50 (~에)미친, 터무니없는
17 유지하다	34 바(카운터), 막대기	

왕초보 탈출 영단어 **ABC**

영단어
기본 다지기 `Level 2`

*Day
46 ~ **50**

이번 주에 배울 단어를 미리 살펴보세요!

1 bedroom	11 sculpture	21 fund	31 feast	41 smoke
2 bike	12 split	22 race	32 prize	42 hospital
3 drama	13 gene	23 loan	33 funeral	43 raw
4 chest	14 pain	24 queen	34 debt	44 employee
5 mistake	15 relief	25 treasure	35 grass	45 routine
6 knife	16 arm	26 bell	36 hell	46 bug
7 deliver	17 ease	27 celebrate	37 resolve	47 load
8 behave	18 hide	28 shake	38 gather	48 tackle
9 lucky	19 past	29 ought	39 suck	49 invite
10 pure	20 confident	30 just	40 mobile	50 announce

👉 **Self Test** : 뜻을 아는 단어에 ☑ 표시하세요.

□ 1. **bedroom**
   A closet is installed in the *bedroom*.

□ 2. **bike**
   His *bike* was fixed yesterday.

□ 3. **drama**
   I practice for my *drama* class.

□ 4. **chest**
   The man hurt his *chest* in an accident.

□ 5. **mistake**
   He won't repeat the same *mistake*.

□ 6. **knife**
   Could you get me another steak *knife*?

□ 7. **deliver**
   The package was safely *deliver*ed.

□ 8. **behave**
   You'd better *behave* yourself tonight.

□ 9. **lucky**
   I was *lucky* to get a last ticket.

□ 10. **pure**
   This underwear is *pure* cotton.

📖 Learn : 모르는 단어 위주로 학습하세요

1. **bedroom** [bédrù:m] [배드룸]

　　명 침실, 방

　　*reserve a twin-*bedroom*
　　트윈룸(2인용 객실)을 *예약하다.　*1-Day47

2. **bike** [baik] [바잌ㅋ]

　　명 자전거

　　I ride my *bike* to work.
　　나는 자전거를 타고 출근한다.

3. **drama** [drɑ́:mə] [드라머]

　　명 연극, 희곡, 극

　　His victory was just like a *drama*.
　　그의 승리는 한 편의 드라마 같았다.

4. **chest** [ʧest] [체스트]

　　명 가슴, 흉부, (소지품) 상자

　　The *chest* is filled with toys.
　　상자가 장난감으로 꽉 차있다.

5. **mistake** [mistéik] [미스테잌ㅋ]

　　명 실수 동 잘못 판단하다

　　You are *mistake*n about the place.
　　장소를 잘못 알고 계십니다.

6. **knife** [naif] [나잎ㅍ]

명칼

*peel an orange with a *knife*
칼로 오렌지의 *껍질을 벗기다.

7. **deliver** [dilívər] [딜리버~]

통배달하다

How soon can you *deliver* the uniforms?
유니폼은 얼마나 빨리 배달할 수 있나요?

8. **behave** [bihéiv] [비헤이브]

통행동하다

behave bravely (calmly)
용감하게(침착하게) 행동하다

9. **lucky** [lʌ́ki] [ㄹ럭키]

형운 좋은

Lucky for you!
행운을 빕니다.

10. **pure** [pjuər] [퓨어~]

형순수한, 깨끗한

This medal is made of *pure* gold.
이 메달은 순금으로 만들어졌다.

✏ **Self Evaluation** : 빈칸에 알맞은 단어를 쓰세요.

1. A closet is *installed in the [　　　　]．
   침실에 장롱이 *설치되어 있습니다.

2. His [　　　　] was fixed yesterday.
   그의 자전거는 어제 수리되었다.

3. I practice for my [　　　　] class.
   나는 연극 수업을 위해 연습을 한다.

4. The man hurt his [　　　　] in an accident.
   그 남자는 사고로 가슴을 다쳤다.

5. He won't repeat the same [　　　　]．
   그는 같은 실수를 반복하지 않을 것입니다.

6. Could you get me another steak [　　　　]？
   스테이크용 칼 하나 더 주시겠습니까?

7. The package was safely [　　　　]ed.
   소포가 안전하게 배달되었습니다.

8. *You'd better [　　　　] yourself tonight.
   오늘 밤 행동 잘 해야 한다.

   *You'd better = You had better
   had better: ~하는 편이 낫다

9. I was [　　　　] to get a last ticket.
   운이 좋아서 마지막 표를 구했다.

10. This underwear is [　　　　] cotton.
    이 속옷은 순면입니다.

👉 **Self Test** : 뜻을 아는 단어에 ☑ 표시하세요.

□ 1. **sculpture**
There're many famous *sculpture*s in this museum.

□ 2. **split**
split an apple(profits) in half

□ 3. **gene**
Identical twins have the same *gene*s.

□ 4. **pain**
Do you suffer from back *pain*?

□ 5. **relief**
He had a deep breath of *relief*.

□ 6. **arm**
I can see your *arm* waving.

Day 47

□ 7. **ease**
He learned everything with *ease*.

□ 8. **hide**
I don't want to *hide* anything.

□ 9. **past**
The gas station is *past* the bus stop.

□ 10. **confident**
She was in a *confident* mood.

Learn : 모르는 단어 위주로 학습하세요

1. **sculpture** [skʌ́lptʃər] [스컵쳐~]

   명 조각(품)

He studied *sculpture* at an art school.
그는 미술 학교에서 조각을 공부했다.

2. **split** [split] [스플맅ㅌ]

   동 나누다, 쪼개지다

Let's *split* the bill.
(비용을) 나누어서 냅시다.

3. **gene** [dʒiːn] [지인]

   명 유전자

They have studied human *gene*s.
그들은 인간의 유전자를 연구했다.

4. **pain** [pein] [페인]

   명 아픔, 통증

I have a *pain* in my knee (side).
무릎에 (옆구리에) 통증이 있습니다.

5. **relief** [rilíːf] [릴리잎ㅍ]

   명 안도, 안심

It's a *relief* to hear from him.
그에게서 소식을 들으니 안심이 되네요.

6. **arm** [aːrm] [아~암]

    > 몡팔

    We welcome you with open *arm*s.
    두 팔 벌려 당신을 환영합니다.

7. **ease** [iːz] [이이즈]

    > 몡쉬움, 편의성 통완화하다

    His help will *ease* your worries.
    그의 도움이 당신의 걱정을 덜어줄 것입니다.

8. **hide** [haid] [하이드]

    > 통감추다, 숨다

    hide the truth / **hid*den truth
    진실을 숨기다 / *숨겨진 진실

    > *hidden [hídn]
    > : 숨겨진

9. **past** [pæst] [패스트]

    > 혱몡과거(의) 젠지나서

    He had a different job in the *past*.
    그는 과거에 다른 일을 했다.

10. **confident** [kánfədənt] [칸퍼던트]

    > 혱자신감 있는

    Are you *confident* of success?
    성공할 자신이 있습니까?

✏️ **Self Evaluation** : 빈칸에 알맞은 단어를 쓰세요.

1. There're many famous ⬚⬚⬚⬚s in this museum.
   이 박물관에는 유명한 **조각품**들이 많이 있다.

2. ⬚⬚⬚⬚ an apple(profits) in half
   사과를(수익을) 반으로 **쪼개다**

3. *Identical twins have the same ⬚⬚⬚⬚s.
   *일란성 쌍둥이는 같은 **유전자**를 갖는다.

   > *Identical [aidéntik]
   > : 동일한

4. Do you *suffer from back ⬚⬚⬚⬚?
   요통이 있으세요?   *2-Day36

5. He had a deep breath of ⬚⬚⬚⬚.
   그는 **안도**의 한숨을 쉬었다.

6. I can see your ⬚⬚⬚⬚ *waving.   *2-Day6
   당신이 팔을 *흔드는 것이 보여요.

7. He learned everything with ⬚⬚⬚⬚.
   그는 모든 것을 **쉽게** 배웠다.

8. I don't want to ⬚⬚⬚⬚ anything.
   나는 어떤 것도 **감추고** 싶지 않다.

9. The gas station is ⬚⬚⬚⬚ the bus stop.
   주유소는 정류장 **지나서** 있습니다.

10. She was in a ⬚⬚⬚⬚ mood.
    그녀는 **확신에 차** 있었다.

👉 **Self Test** : 뜻을 아는 단어에 ☑ 표시하세요.

□ 1. **fund**
The school was *fund*ed by the city.

□ 2. **race**
They are in training for a *race*.

□ 3. **loan**
get a *loan* from a bank

□ 4. **queen**
Venus is called 'the *Queen* of Love'.

□ 5. **treasure**
People buried their *treasure*.

□ 6. **bell**
Press the *bell* for the waiter.

□ 7. **celebrate**
celebrate one's opening(success)

□ 8. **shake**
The tree *shook* by the earthquake.

*shook [ʃuk]
: 'shake'의 과거형

□ 9. **ought**
He *ought* to meet her by now.

□ 10. **just**
I was *just* checking it.

Day
48

Learn : 모르는 단어 위주로 학습하세요

1 **fund** [fʌnd] [펀드]

> 명 동 기금, 자금(을 대다)
>
> raise (seek) *fund*s
> 자금을 조성하다(구하다)

2. **race** [reis] [레이쓰]

> 명 경주, 인종
>
> People of all *race*s were invited.
> 모든 인종의 사람들이 초대되었다.

3. **loan** [loun] [ㄹ로운]

> 명 대출금, 대여
>
> I even *loan*ed her my car.
> 나는 심지어 그녀에게 내 차를 대여해 주기도 했다.

4. **queen** [kwiːn] [퀴인]

> 명 여왕
>
> She was *respected as the *queen* of fashion.
> 그녀는 패션계의 여왕으로 존중받았다. *2-Day35

5. **treasure** [tréʒər] [트레저~]

> 명 보물
>
> keep the *treasure* in the *safe
> 보물을 *금고에 보관하다.

6. **bell** [bel] [벨]

명 종

The alarm *bell* is on every floor.
각 층마다 비상벨이 있습니다.

7. **celebrate** [séləbrèit] [쎌러브레이트]

동 축하하다

celebrate the 100th birthday of ~
~의 탄생 100주년을 기념하다

8. **shake** [ʃeik] [쉐익ㅋ]

동 흔들(리)다

Please *shake* it before drinking.
마시기 전에 흔들어주세요.

9. **ought** [ɔːt] [오옽ㅌ]

동 …해야 한다, …할 의무가 있다

It *ought* to be done now.
지금 해야 합니다.

10. **just** [dʒʌst] [저스트]

부 딱, 방금

Just leave it to me.
나에게 바로 맡겨 주세요.

✎ **Self Evaluation** : 빈칸에 알맞은 단어를 쓰세요.

1. The school was [_____]ed by the city.
   학교는 시에서 자금을 받았다.

2. They are in training for a [_____].
   그들은 경주를 앞두고 훈련 중이다.

3. get a [_____] from a bank
   은행에서 융자를 받다.

4. Venus is called 'the [_____] of Love'.
   비너스는 사랑의 여왕이라고 불린다.

5. People buried their [_____].
   사람들은 그들의 보물을 땅에 묻었다.

6. Press the [_____] for the waiter.
   웨이터에게 요청이 있으면 벨을 누르세요.

7. [_____] one's opening(success)
   ~의 개점을 (성공을) 기념하다

8. The tree [_____] by the earthquake.
   나무가 지진으로 흔들렸다.

9. He [_____] to meet her by now.
   그가 지금쯤이면 그녀를 만났을 거예요. (지금쯤 만나고 있어야 한다)

10. I was [_____] checking it.
    방금 점검 중이었습니다.

👉 Self Test : 뜻을 아는 단어에 ☑ 표시하세요.

- [ ] 1. **feast**
  They had a midnight *feast* in their tent.

- [ ] 2. **prize**
  His picture won a *prize* in the competition.

- [ ] 3. **funeral**
  We will go to his *funeral*.

- [ ] 4. **debt**
  He is still in *debt* to his parents.

- [ ] 5. **grass**
  The *grass* is necessary on the floor.

- [ ] 6. **hell**
  Traffic was just like *hell*.

- [ ] 7. **resolve**
  Their demand was *resolve*d.

- [ ] 8. **gather**
  A crowd is *gather*ing to watch the game.

- [ ] 9. **suck**
  This machine will *suck* it dry.

- [ ] 10. **mobile**
  I'll run a *mobile* shop.

Day 49

📖 **Learn** : 모르는 단어 위주로 학습하세요

1. **feast** [fiːst] [피이스트]

   명축제, 향연, 잔치

   The *feast* is being prepared.
   축제 준비가 진행 중이다.

2. **prize** [praiz] [프라이즈]

   명상, 상품

   He won the $100 *prize*.
   그는 100달러의 상금을 받았다.

3. **funeral** [fjúːnərəl] [퓨너럴]

   명장례식

   I saw her at the *funeral* *by accident.
   우연히 장례식에서 그녀를 보았다.　*by accident: 우연히*

4. **debt** [det] [데트]

   명빚, 은혜

   I owe a real *debt* to him.
   나는 그에게 정말 은혜를 지고 있다.

5. **grass** [græs] [그래쓰]

   명풀, 잔디

   Keep off the *grass*.
   잔디밭에 들어가지 마세요.

6. hell [hel] [헬]

명 지옥

They *went through *hell* last year.
그들은 작년에 지옥 같은 시간을 *경험했다.

*Went : 'go'의 과거
go through: 경험하다

7. resolve [rizálv] [리잘ㅂ]

동 해결하다, 다짐하다

resolve my fear (the troubles)
두려움을(어려움을) 해결하다

8. gather [gǽðər] [개더~]

동 모이다

People *gather*ed for a campaign.
사람들이 캠페인을 위해 모였다.

9. suck [sʌk] [썩]

동 빨다, 흡수하다

The pump will *suck* the water out.
펌프가 물을 빨아들여 나오게 할 것이다.

Day
49

10. mobile [móubəl] [모우블]

형 이동하는 명 휴대전화

Call me on my *mobile* phone.
내 휴대폰으로 전화 주세요.

Self Evaluation : 빈칸에 알맞은 단어를 쓰세요.

1. They had a midnight ☐ in their tent.
   그들은 텐트에서 한밤의 향연을 보냈다.

2. His picture won a ☐ in the competition.
   대회에서 그의 사진이 입상했다.

3. We will go to his ☐.
   우리는 그의 장례식에 갈 것입니다.

4. He is still in ☐ to his parents.
   그는 여전히 부모님에게 빚이 있다.

5. The ☐ is *necessary on the floor.
   바닥에 마른 풀이 필요하다. *1-Day49

6. Traffic was just like ☐.
   차가 너무 막혔어요. (교통이 지옥 같았어요)

7. Their *demand was ☐d. *1-Day53
   그들의 요구는 해결되었다.

8. A crowd is ☐ing to watch the game.
   군중들이 경기를 보기 위해 모이고 있다.

9. This machine will ☐ it dry.
   이 기계는 수분을 바짝 빨아들입니다.

10. I'll run a ☐ shop.
    나는 이동하는 상점을 운영할 것이다.

☞ Self Test : 뜻을 아는 단어에 ☑ 표시하세요.

☐ 1. **smoke**

Do you mind if I *smoke*?

☐ 2. **hospital**

She works the night shift at a *hospital*.

☐ 3. **raw**

It is eaten *raw* or cooked.

☐ 4. **employee**

She is a new *employee* in our department.

☐ 5. **routine**

get out of (my) *routine*

☐ 6. **bug**

The computer cannot avoid a '*bug*' error.

☐ 7. **load**

He *load*ed the firewood in the truck.

☐ 8. **tackle**

It's time to *tackle* the matter.

☐ 9. **invite**

I was *invite*d to work for a new plan.

☐ 10. **announce**

They haven't *announce*d their plan yet.

📖 **Learn** : 모르는 단어 위주로 학습하세요

1. **smoke** [smouk] [스모우크]

통담배 피우다 명연기

I'm trying to stop(=quit) *smok*ing.
담배를 끊으려고 노력 중입니다.

2. **hospital** [háspitl] [하스피틀]

명병원

He has been in the *hospital* for a week.
그는 일주일째 병원에 입원 중이다.

3. **raw** [rɔː] [로오]

형날것의, 가공되지 않은

Back up the *raw* data!
원자료를 저장해 놓으세요!

4. **employee** [èmplɔíː] [엠플로이]

명사원, 근무자

give an orientation to the *employee*s
사원들에게 오리엔테이션을 실시하다.

5. **routine** [ruːtíːn] [루틴]

명형일상(적인)

Repairing things is a part of my *routine*.
수선하는 일이 나의 일상이다.

6. **bug** [bʌg] [버ㄱ]

명작은 벌레 통도청 하다

Collecting *bug*s is his job.
벌레들을 수집하는 것이 그의 일이다.

7. **load** [loud] [ㄹ로우드]

명통짐(을 싣다), 부담

The tractor was *load*ed with fruit.
트랙터에 과일이 실렸다.

8. **tackle** [tǽkl] [태클]

통맞붙다, 다루다

We will *tackle* today's issue first.
우리는 오늘의 주제부터 다룰 것입니다.

9. **invite** [inváit] [인바이트]

통초대하다

I *invite* you to the seminar.
강연회에 당신을 초대합니다.

10. **announce** [ənáuns] [어나운쓰]

통알리다, 발표하다

The date was not *announce*d yet.
날짜는 아직 발표되지 않았다.

Self Evaluation : 빈칸에 알맞은 단어를 쓰세요.

1. Do you mind if I [   ] ?
   제가 담배를 좀 피워도 될까요?

2. She works the night *shift at a [   ].
   그녀는 병원에서 야간*교대 근무를 한다. (야간 근무조로)

3. It is eaten [   ] or cooked.
   이 것은 날 것으로 혹은 익혀서도 먹는다.

4. She is a new [   ] in our department.
   그녀는 우리 부서의 신입 사원이다.

5. get out of (my) [   ]
   일상에서 벗어나다

6. The computer cannot *avoid a '[   ]' error.
   컴퓨터가 버그 에러를 *피할 수가 없다. *2-Day19

7. He [   ] ed the firewood in the truck.
   그는 장작을 트럭에 실었다.

8. It's time to [   ] the matter.
   이제 과제를 다루어야 할 시간이다.

9. I was [   ] d to work for a new plan.
   새로운 계획을 위한 작업에 초대되었다.

10. They haven't [   ] d their plan yet.
    그들은 계획을 아직 발표하지 않았다.

Self Evaluation : 뜻을 아는 단어에 ☑ 표시하세요.

☐ 1 bedroom	☐ 18 hide	☐ 35 grass
☐ 2 bike	☐ 19 past	☐ 36 hell
☐ 3 drama	☐ 20 confident	☐ 37 resolve
☐ 4 chest	☐ 21 fund	☐ 38 gather
☐ 5 mistake	☐ 22 race	☐ 39 suck
☐ 6 knife	☐ 23 loan	☐ 40 mobile
☐ 7 deliver	☐ 24 queen	☐ 41 smoke
☐ 8 behave	☐ 25 treasure	☐ 42 hospital
☐ 9 lucky	☐ 26 bell	☐ 43 raw
☐ 10 pure	☐ 27 celebrate	☐ 44 employee
☐ 11 sculpture	☐ 28 shake	☐ 45 routine
☐ 12 split	☐ 29 ought	☐ 46 bug
☐ 13 gene	☐ 30 just	☐ 47 load
☐ 14 pain	☐ 31 feast	☐ 48 tackle
☐ 15 relief	☐ 32 prize	☐ 49 invite
☐ 16 arm	☐ 33 funeral	☐ 50 announce
☐ 17 ease	☐ 34 debt	

배운 단어를 얼마나 기억하세요? 정답은 270page 참조
• 맞은 갯수 30개 이하: 수고하셨어요. 한 번만 더 복습^^
• 맞은 갯수 30개 이상: OK! 어려운 단어 복습
• 맞은 갯수 40개 이상: Very Good!!

🔑 Self Evaluation : 빈칸을 채워 보세요.

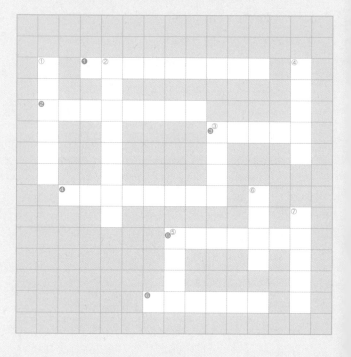

[가로열쇠]
❶celebrate ❷hospital ❸grass ❹treasure ❺resolve ❻relief

[세로열쇠]
①behave ②employee ③gene ④chest ⑤race
⑥hell ⑦feast

🔑 [세로열쇠]

① You'd better ⬚ yourself tonight.

② She is a new ⬚ in our department.

③ Identical twins have the same ⬚.

④ The man hurt his ⬚ in an accident.

⑤ They are in training for a ⬚.

⑥ Traffic was just like ⬚.

⑦ They had a midnight ⬚ in their tent.

🔑 [가로열쇠]

❶ ⬚ one's opening(success)

❷ She works the night shift at a ⬚.

❸ The ⬚ is necessary on the floor.

❹ People buried their ⬚.

❺ Their demand was ⬚d.

❻ I had a deep breath with ⬚.

Self Evaluation : 뜻 해석

1 침실, 방	18 감추다, 숨다	35 풀, 잔디
2 자전거	19 과거(의)	36 지옥
3 연극, 드라마	20 자신감 있는	37 해결하다, 다짐하다
4 가슴, 흉부	21 기금,자금(을 대다)	38 모이다
5 실수	22 경주, 인종	39 빨다, 흡수하다
6 칼	23 대출금, 대여	40 이동하는
7 배달하다	24 여왕	41 담배 피우다
8 행동하다	25 보물	42 병원
9 운 좋은	26 종	43 날것의, 가공되지 않은
10 순수한, 깨끗한	27 축하하다	44 사원, 근무자
11 조각(품)	28 흔들(리)다	45 일상(적인)
12 나누다, 쪼개지다	29 …해야 한다	46 작은 벌레
13 유전자	30 딱, 방금	47 짐, 화물
14 아픔, 통증	31 축제, 향연, 잔치	48 맞붙다, 다루다
15 안도, 안심	32 상, 상품	49 초대하다
16 팔	33 장례식	50 알리다, 발표하다
17 쉬움, 편의성, 완화하다	34 빚, 은혜	

왕초보 탈출 영단어 ABC

영단어
기본 다지기 Level 2

*Day
51 ~ 55

이번 주에 배울 단어를 미리 살펴보세요!

1 curve	11 fee	21 resolution	31 garbage	41 code
2 farmer	12 climate	22 proof	32 analyst	42 awareness
3 refrigerator	13 accident	23 contribution	33 custom	43 signature
4 occasion	14 sister	24 session	34 salary	44 hat
5 leather	15 expert	25 grandfather	35 towel	45 draft
6 interact	16 native	26 calendar	36 shelter	46 habit
7 retire	17 belong	27 twist	37 illustrate	47 cross
8 divide	18 respond	28 owe	38 hate	48 inform
9 illegal	19 foreign	29 logical	39 soft	49 sad
10 upper	20 unusual	30 initial	40 dependent	50 weak

☞ **Self Test** : 뜻을 아는 단어에 ☑ 표시하세요.

□ 1. **curve**
The *curve* is moving downward.

□ 2. **farmer**
*Farmer*s plant their rice today.

□ 3. **refrigerator**
Left over food is in the *refrigerator*.

□ 4. **occasion**
I bought shoes for the *occasion*.

□ 5. **leather**
Leather boots are very popular these days.

□ 6. **interact**
I try to *interact* with the junior staff.

□ 7. **retire**
He did his best until he *retire*d.

□ 8. **divide**
Shall we *divide* the class into two groups?

□ 9. **illegal**
He is not involved in *illegal* acts.

□ 10. **upper**
Move your *upper* body to the sides.

Learn : 모르는 단어 위주로 학습하세요

1. **curve** [kəːrv] [커~브]

명 곡선, (길 등의) 모퉁이

This model *features a round *curve*. *2-Day12
이 모형은 둥근 곡선이 특징이다.

2. **farmer** [fάːrmər] [파~머~]

명 농부

The *farmer*s are picking the fruit.
농부들이 과일을 따고 있다.

3. **refrigerator** [rifrídʒərèitər] [리프리저레이터~]

명 냉장고

Keep it in the *refrigerator*.
냉장고에 보관하십시오.

4. **occasion** [əkéiʒən] [어케이젼]

명 경우, 행사

It is held in the yard on *occasion*.
그 행사는 가끔씩 야외(뜰)에서 개최된다.

5. **leather** [léðər] [ㄹ레더~]

명 가죽

He wears a *leather* jacket every day.
그는 매일 가죽 외투를 입는다.

6. **interact** [íntərækt] [인터렉트]

图소통하다, 상호작용 하다

have chances to *interact* between members
회원들 간에 소통할 수 있는 기회를 갖다.

7. **retire** [ritáiər] [리타이어~]

图은퇴하다, 은퇴시키다

It's not the time to *retire* now.
지금은 은퇴할 시기가 아닙니다.

8. **divide** [diváid] [디바이드]

图나누다, 분할하다

Divide the cake into three pieces.
케이크를 세 조각으로 나누다.

9. **illegal** [ilí:gəl] [일리거~]

图불법적인

You are *illegal*ly *parked. *1-Day18
불법 *주차입니다.

10. **upper** [ʌ́pər] [어퍼~]

图위쪽의, 상위의

It's on the *upper* shelf.
그것은 위쪽 선반에 있어요.

Self Evaluation : 빈칸에 알맞은 단어를 쓰세요.

1. The [   ] is moving downward.

   곡선이 아래를 향하고 있다.

2. [   ]s *plant their rice today.

   오늘 농부들이 모내기를 한다. *1-Day20

3. *Left over food is in the [   ].

   *남은 음식은 냉장고 안에 있어요. *1-day56

4. I bought shoes for the [   ].

   때를 대비하여 신발을 사 두었다.

5. [   ] boots are very popular these days.

   가죽 부츠가 요즘 매우 인기 있다.

6. I try to [   ] with the junior staff.

   나는 부하 직원들과 소통하려고 노력한다.

7. He did his best until he [   ]d.

   그는 은퇴할 때까지 최선을 다하였다.

8. Shall we [   ] the class into two groups?

   학급을 두 그룹으로 나눌까요?

9. He is not *involved in [   ] acts.

   그는 불법 행위와 관련이 없다. *3-Day50

10. Move your [   ] body to the sides.

    상체를 양쪽으로 움직이세요.

👉 **Self Test** : 뜻을 아는 단어에 ☑ 표시하세요.

□ 1. **fee**
There is a *fee* for entering.

□ 2. **climate**
Global *climate* is changing.

□ 3. **accident**
protect children from car *accident*s

□ 4. **sister**
Her *sister*s all look alike.

□ 5. **expert**
He is an *expert* in this field.

□ 6. **native**
Repeat after the *native* speaker.

□ 7. **belong**
We all *belong* to the sports club.

□ 8. **respond**
He *respond*ed to our request right away.

□ 9. **foreign**
He has adapted to the *foreign* culture.

□ 10. **unusual**
Did you notice anything *unusual* in this letter?

📖 **Learn** : 모르는 단어 위주로 학습하세요

1. **fee** [fiː] [피이]

   명수수료, 요금

   pay(charge) a membership *fee*
   회비를 지불(부과)하다

2. **climate** [kláimit] [클라이밑ㅌ]

   명기후, …기후의 지역

   The *climate* here is (damp / cold).
   이 곳의 날씨가 (습하다/춥다).

3. **accident** [ǽksidənt] [액씨던트]

   명사고, 우연

   give *first aid after the *accident*
   사고 후 *응급 처치를 하다.

4. **sister** [sístər] [씨스터~]

   명언니, 누나, 여동생, 수녀

   They are *supporting their *sister* company.
   그들은 자매 회사를 *지원하고 있다.

5. **expert** [ékspəːrt] [엑스퍼~ㅌ]

   명전문가 형전문적인

   expert opinion (advice)
   전문적인 의견(조언)

Day
52

6. **native** [néitiv] [네이티브]

형태어난 곳의 명현지인

Native people were always friendly to me.
현지인들은 나에게 항상 친절했다.

7. **belong** [bilɔ́ːŋ] [빌롱]

동…의 것이다, …에 속하다, 소속감을 느끼다

This work *belong*s to our department.
이 일은 우리 부서 소속이다.

8. **respond** [rispánd] [리스판드]

동대답하다, 반응을 보이다

I'm *expecting you to *respond* soon.
곧 응답 주시기를 *기대합니다.

*expect [ikspékt]
*3-Day29

9. **foreign** [fɔ́ːrən] [포~런]

형외국의

Can you speak any other *foreign* languages?
다른 외국어도 구사할 수 있습니까?

10. **unusual** [ʌnjúːʒuəl] [어뉴주얼]

형특이한, 드문

It is *unusual* for him to foul out.
그가 파울로 퇴장당하는 것은 드문 일이다.

✏️ **Self Evaluation** : 빈칸에 알맞은 단어를 쓰세요.

1. There is a [ ] for *entering.
   입장료가 있습니다. *2-Day8

2. *Global [ ] is changing.
   *세계 기후가 변화하고 있다. *2-Day22

3. *protect children from car [ ]s
   차 사고로부터 아이들을 보호하다 *2-Day17

4. Her [ ]s all look alike.
   자매들이 모두 닮았다. (비슷해 보인다)

5. He is an [ ] in this field.
   그는 이 분야에서 전문가이다.

6. Repeat after the [ ] speaker.
   원어민 발음을 그대로 따라 하세요.

7. We all [ ] to the sports club.
   우리 모두 스포츠클럽 회원입니다.

8. He [ ]ed to our *request right away.
   그는 우리의 요구에 즉시 응답했습니다. *2-Day44

9. He has *adapted to the [ ] culture.
   그는 외국 문화에 적응했다. *2-Day56

10. Did you notice anything [ ] in this letter?
    이 편지에서 특이한 점을 발견했습니까?

Day 53

👉 **Self Test** : 뜻을 아는 단어에 ☑ 표시하세요.

□ 1. **resolution**
   a *resolution* to study (help others)

□ 2. **proof**
   This receipt is the *proof*.

□ 3. **contribution**
   We are thankful for your *contribution*s.

□ 4. **session**
   This *session* is for the total review.

□ 5. **grandfather**
   She helped her *grandfather* to walk.

□ 6. **calendar**
   give the *calendar*s to the customers

□ 7. **twist**
   He *twist*ed the rope into a ring.

□ 8. **owe**
   I don't *owe* it to you.

□ 9. **logical**
   His decision was *logical*.

□ 10. **initial**
   The *initial* sales figures were great.

📖 **Learn** : 모르는 단어 위주로 학습하세요

---

1. **resolution** [rèzəlúːʃən] [레절루션]

　명결의(안), 해결

What is your New Year's *resolution*?
당신의 새해 결심은 무엇입니까?

2. **proof** [pruːf] [프루웊ㅍ]

　명증거(물)

We need any *proof* of your age.
나이를 증명할 증거가 필요합니다.

3. **contribution** [kàntrəbjúːʃən] [컨트리뷰션]

　명기부금, 기여

He made a big *contribution* to ~
그는 ~에 지대한 공헌을 했다.

4. **session** [séʃən] [쎄션]

　명(특정한) 기간, 학기

When is your training *session* over?
훈련 기간이 언제 끝납니까?

5. **grandfather** [grǽndfɑ̀ːðər] [그랜드파더~]

　명할아버지

He was named after his *grandfather*.
그의 이름은 할아버지의 이름을 따서 지어졌다.

6. **calendar** [kǽləndər] [캘런더~]

명 달력

There is not any mark on my *calendar*.
내 달력에는 아무 표시가 없는데요.

7. **twist** [twist] [트위스트]

동 휘다, 비틀다 명 꼬인 것, 비틀기

The road has lots of *twist*s.
도로가 매우 꼬불꼬불하다.

 Tip!

• How much do I owe you?
 (=) How much is it?
  얼마입니까?

8. **owe** [ou] [오우]

동 (돈을)빚지고 있다, 신세를 지고 있다

How much do I *owe* you?
당신에게 얼마를 드리면 될까요(가격이 얼마입니까)?

9. **logical** [ládʒikəl] [ㄹ라지클]

형 논리적인

His report is really *logical*.
그의 보고서는 매우 논리적이다.

10. **initial** [iníʃəl] [이니셜]

형 처음의

Their *initial* *impression was good.
그들의 첫 *인상은 좋았다.

*impression [impréʃən]
: 인상, 느낌

Self Evaluation : 빈칸에 알맞은 단어를 쓰세요.

1. a [_____] to study (help others)
   공부를 하기 위한(타인을 돕기로 한) 결심

2. This *receipt is the [_____].
   이 *영수증이 증거입니다.

   *receipt [risíːt]
   : 영수증

3. We are thankful for your [_____]s.
   당신의 기부에 감사드립니다.

4. This [_____] is for the total review.
   이번 기간은 총괄 평가를 위한 것입니다.

5. She helped her [_____] to walk.
   그녀는 할아버지를 부축해 드렸다.

6. give the [_____]s to the customers
   고객들에게 달력을 주다

7. He [_____]ed the rope into a ring.
   그는 밧줄을 꼬아 고리를 만들었다.

8. I don't [_____] it to you.
   나는 당신에게 그것을 빚지지 않았다.

9. His *decision was [_____].
   그의 *결정은 타당했다.

10. The [_____] sales *figures were great.
    초기 판매량은 대단했다. *1-Day47

👉 **Self Test** : 뜻을 아는 단어에 ☑ 표시하세요.

☐ 1. **garbage**
Separate *garbage* for recycling.

☐ 2. **analyst**
He is working as a business *analyst*.

☐ 3. **custom**
Sending Christmas cards is an old *custom*.

☐ 4. **salary**
work on a *salary* of ($2500 a month)

☐ 5. **towel**
Dry it with a dish *towel* and use it.

☐ 6. **shelter**
They just started to work at a *shelter*.

☐ 7. **illustrate**
This page was *illustrate*d by a painter.

☐ 8. **hate**
I *hate* anyone being rude to me.

☐ 9. **soft**
The pillow is made of wool and very *soft*.

☐ 10. **dependent**
dependent on (each other/aid from~)

Learn : 모르는 단어 위주로 학습하세요

1. **garbage** [gáːrbidʒ] [가~비지]

명 쓰레기

*reduce the volume of *garbage*
쓰레기의 양을 줄이다.   *3-Day45*

2. **analyst** [ǽnəlist] [애널리스트]

명 분석가

The *analyst*s will *help you with your work.
전문(분석)가들이 당신의 일을 도울 것입니다.

help with
: ~를 (하도록)도와주다

3. **custom** [kʌ́stəm] [커스텀]

명 관습, 습관

It's her *custom* to take a walk after breakfast.
아침 식사 후에 산책하는 것은 그녀의 습관이다.

4. **salary** [sǽləri] [쌜러리]

명 봉급

My basic (net) *salary* is ~
나의 본봉은(공제 후 급여는) ~이다.

5. **towel** [táuəl] [타월]

명 수건

Did you pack your *towel*?
수건은 챙겼습니까?

6. shelter [ʃéltər] [셸터~]

명 쉼터, 피난처

Shelter was *provided for them.
그들에게 쉼터가 제공되었다. *1-Day27

7. illustrate [íləstrèit] [일러스트레이트]

동 (예시로)설명하다, 삽화를 넣다

Let me *illustrate* by more examples.
몇 가지 예를 더 들어 설명해 드리죠.

8. hate [heit] [헤잍트]

동 싫어하다

I *hate* to *bother my neighbors. *2-Day31
나는 이웃 사람들을 *괴롭히고 싶지 않습니다.

9. soft [sɔ:ft] [쏘프트]

형 부드러운

He put a layer of *soft* sand under it.
그는 밑에 부드러운 모래층을 깔았다.

10. dependent [dipéndənt] [디펜던트]

형 의존하는

He has three *dependent* children.
그는 부양할 세 명의 자식이 있습니다.

✎ Self Evaluation : 빈칸에 알맞은 단어를 쓰세요.

1. *Separate [   ] for *recycling.
   재활용을 위해서 **쓰레기**를 *분리하세요. *1-Day48

2. He is working as a business [   ].
   그는 경영 분석가로 일하고 있다.

3. Sending Christmas cards is an old [   ].
   크리스마스 카드를 보내는 것은 오랜 **관습**이다.

4. work on a [   ] of ($2500 a month)
   (한 달에 2500달러)의 **급여**를 받고 일하다.

5. Dry it with a dish [   ] and use it.
   행주로 물기를 닦은 후 사용하세요.

6. They just started to work at a [   ].
   그들은 **쉼터**에서 막 일을 시작했다.

7. This page was [   ]d by a painter.
   이 페이지는 화가에 의해 **삽화**가 그려졌다.

8. I [   ] anyone being *rude to me.
   *무례한 사람은 **싫습니다**.

9. The *pillow is made of wool and very [   ].
   *베게가 양모로 만들어져 매우 **부드럽습니다**.

10. [   ] on (each other/aid from~)
    서로에게/원조에 **의지하는**

☞ **Self Test** : 뜻을 아는 단어에 ☑ 표시하세요.

□ 1. **code**
The letter is written in *code*.

□ 2. **awareness**
campaigns on safety *awareness*

□ 3. **signature**
I need your *signature* on the last page.

□ 4. **hat**
Take your *hat* off, please!

□ 5. **draft**
The scenario is still in *draft*.

□ 6. **habit**
have a *habit* of walking every morning

□ 7. **cross**
Put a *cross* if the answer is wrong.

□ 8. **inform**
He *inform*ed us of the rules.

□ 9. **sad**
I wish the last scene were not *sad*.

□ 10. **weak**
What are the *weak* points of it?

📖 **Learn** : 모르는 단어 위주로 학습하세요

1. **code** [koud] [코우드]

명 암호, 부호

Enter a product *code* number!
제품 코드 번호를 입력해 주십시오!

2. **awareness** [əwéərnis] [어웨어~니쓰]

명 의식, 알고 있음

raise *awareness* of the environment
환경에 대한 의식을 높이다

3. **signature** [sígnətʃər] [씨ㄱ너처~]

명 서명, 특징

Your *signature* is missing here.
여기 당신의 서명이 빠져 있어요.

4. **hat** [hæt] [햍 ㅌ]

명 모자

Your shirt *goes well with your *hat*.
셔츠가 모자와 잘 *어울립니다.

> *go well with
> : ~와 잘 어울린다

5. **draft** [dræft] [드래ㅍ트]

명 (미완성)원고, 밑그림

Here's the *draft* of the contract.
계약서의 초안입니다.

6. **habit** [hǽbit] [해빝ㅌ]

명 버릇

a *habit* of saving energy (money)
에너지를(돈을) 절약하는 습관

7. **cross** [krɔːs] [크로쓰]

명 ×표, 십자가 동 건너다

Cross the road and turn left.
길을 건넌 후 좌회전하세요.

Tip!

[유용한 표현!]
• 횡단보도: crosswalk
• 교차로 : crossroad

8. **inform** [infɔ́ːrm] [인포~엄]

동 알리다

~*inform* you of your *promotion
당신의 *승진 소식을 알려 드립니다.   *2-Day33

9. **sad** [sæd] [쌔드]

형 슬픈, 애석한

She was calm in a *sad* situation.
그녀는 슬픈 상황에서 침착했디.

10. **weak** [wiːk] [위잌ㅋ]

형 약한

have a *week* relationship/stomach
유대관계가 / 위장이 약하다

✎ **Self Evaluation** : 빈칸에 알맞은 단어를 쓰세요.

1. The letter is written in [   ].
   그 편지는 **암호**로 쓰여져 있다.

2. campaigns on safety [   ]
   안전 **의식**에 대한 홍보

3. I need your [   ] on the last page.
   마지막 페이지에 **서명**이 필요합니다.

4. Take your [   ] off, please!
   모자는 벗어주시기 부탁드립니다.

5. The *scenario is still in [   ].
   *각본(시나리오)은 아직 **초안** 단계에 있습니다.

6. have a [   ] of walking every morning
   매일 아침 걷는 **습관**을 갖다.

7. Put a [   ] if the answer is wrong.
   답이 틀렸으면 **X표**를 하시오.

8. He [   ]ed us of the rules.
   그는 우리에게 규칙에 대하여 **알려** 주었다.

9. I wish the last scene were not [   ].
   마지막 장면이 **슬프지** 않았으면 좋겠다.

10. What are the [   ] points of it?
    그것의 **단점**이 무엇입니까?

☼ **Self Evaluation** : 뜻을 아는 단어에 ☑ 표시하세요.

☐ 1 curve	☐ 18 respond	☐ 35 towel
☐ 2 farmer	☐ 19 foreign	☐ 36 shelter
☐ 3 refrigerator	☐ 20 unusual	☐ 37 illustrate
☐ 4 occasion	☐ 21 resolution	☐ 38 hate
☐ 5 leather	☐ 22 proof	☐ 39 soft
☐ 6 interact	☐ 23 contribution	☐ 40 dependent
☐ 7 retire	☐ 24 session	☐ 41 code
☐ 8 divide	☐ 25 grandfather	☐ 42 awareness
☐ 9 illegal	☐ 26 calendar	☐ 43 signature
☐ 10 upper	☐ 27 twist	☐ 44 hat
☐ 11 fee	☐ 28 owe	☐ 45 draft
☐ 12 climate	☐ 29 logical	☐ 46 habit
☐ 13 accident	☐ 30 initial	☐ 47 cross
☐ 14 sister	☐ 31 garbage	☐ 48 inform
☐ 15 expert	☐ 32 analyst	☐ 49 sad
☐ 16 native	☐ 33 custom	☐ 50 weak
☐ 17 belong	☐ 34 salary	

Review
11

MP3

배운 단어를 얼마나 기억하세요? 정답은 296page 참조
• 맞은 갯수 30개 이하: 수고하셨어요. 한 번만 더 복습^^
• 맞은 갯수 30개 이상: OK! 어려운 단어 복습
• 맞은 갯수 40개 이상: Very Good!!

Self Evaluation : 빈칸을 채워 보세요.

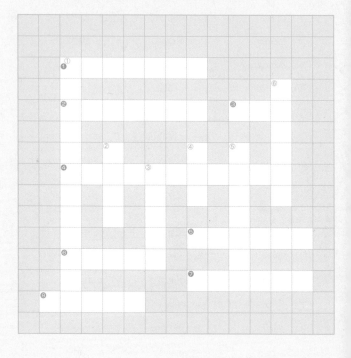

[세로열쇠]
①refrigerator ②hate ③draft ④hat ⑤shelter ⑥retire

[가로열쇠]
❶respond ❷foreign ❸fee ❹grandfather ❺native ❻twist
❼farmer ❽proof

[세로열쇠]

① Left over food is in the [　　　].

② I [　　　] anyone being rude to me.

③ The [　　　] is still in draft.

④ Take your [　　　] off, please.

⑤ They just started to work at a [　　　].

⑥ He did his best until he [　　　]d.

[가로열쇠]

❶ He [　　　]ed to our request right away.

❷ He has adapted to the [　　　] culture.

❸ There is a [　　　] for entering.

❹ She helped her [　　　] to walk.

❺ Repeat after the [　　　] speaker.

❻ He [　　　]ed the rope into a ring.

❼ [　　　]s plant their rice today.

❽ This receipt is the [　　　].

Self Evaluation : 뜻 해석

1 곡선, (도로의) 모퉁이	18 대답하다, 반응을 보이다	35 수건
2 농부	19 외국의	36 쉼터, 피난처
3 냉장고	20 특이한, 드문	37 설명하다, 삽화를넣다
4 경우, 행사	21 결의(안), 해결	38 싫어하다
5 가죽	22 증거(물)	39 부드러운
6 소통하다	23 기부금, 기여	40 의존하는
7 은퇴하다	24 (특정한) 기간, 학기	41 암호, 부호
8 나누다, 분할하다	25 할아버지	42 의식, 알고 있음
9 불법적인	26 달력	43 서명, 특징
10 위쪽의, 상위의	27 비틀다,비틀기	44 모자
11 수수료, 요금	28 (빚, 신세)를 지다	45 (미완성)원고, 밑그림
12 기후	29 논리적인	46 버릇
13 사고, 우연	30 처음의	47 X표, 십자가, 건너다
14 언니, 누나, 여동생	31 쓰레기	48 알리다
15 전문가	32 분석가	49 슬픈
16 태어난 곳의, 현지인	33 관습, 습관	50 약한
17 …에 속하다	34 봉급	

왕초보 탈출 영단어 **ABC**

영단어
기본 다지기 Level 2

*Day
56 ~ 60

이번 주에 배울 단어를 미리 살펴보세요!

1 wage	11 construct	21 quantity	31 penalty	41 tooth
2 solid	12 row	22 shop	32 finance	42 sink
3 tea	13 mode	23 score	33 departure	43 tone
4 seat	14 crack	24 oath	34 bill	44 hole
5 chair	15 schedule	25 stomach	35 mess	45 garage
6 collar	16 devil	26 evening	36 neck	46 tank
7 hang	17 imply	27 shut	37 specify	47 reflect
8 adapt	18 send	28 recover	38 relate	48 argue
9 spare	19 former	29 informal	39 calm	49 rub
10 prior	20 odd	30 neat	40 hero	50 practical

👉 Self Test : 뜻을 아는 단어에 ☑ 표시하세요.

☐ 1. **wage**
This job brings good *wage*s.

☐ 2. **solid**
His bike ran into a *solid* object.

☐ 3. **tea**
Dinner will be served with *tea*.

☐ 4. **seat**
Please be *seat*ed here.

☐ 5. **chair**
Please pull up the *chair* to the front.

☐ 6. **collar**
*White *collar* workers often visit here.   ✎ *white collar
: 사무직

☐ 7. **hang**
His private stuff is *hang*ing on the wall.

☐ 8. **adapt**
We *adapt*ed to our new office very soon

☐ 9. **spare**
I don't have any *spare* cash.

☐ 10. **prior**
We need a *prior* meeting for it.

Day
56

Learn : 모르는 단어 위주로 학습하세요

1. **wage** [weidʒ] [웨이지]

> 몡임금, 급료
>
> He gets a weekly *wage* of 500 dollars.
> 그는 주급으로 500달러를 받는다.

2. **solid** [sálid] [쌀리드]

> 혱단단한, 고체의 몡고체
>
> He *grumbled over *solid* dishes.
> 그는 딱딱한 음식을 두고 *투덜댔다.

3. **tea** [ti:] [티이]

> 몡차
>
> The flavor of your *tea* is nice.
> 드시는 차의 향이 좋은데요.

4. **seat** [si:t] [씨잍]

> 몡자리, 좌석 동앉히다
>
> There are no more *seat*s today.
> 오늘은 더 이상 좌석이 없습니다.

5. **chair** [ʧɛər] [체어~]

> 몡의자
>
> Please take a *rest on the *chair*.   *1-Day38
> 의자에 앉아 좀 쉬세요.

6. **collar** [kάlər] [칼러~]

> 명 (윗옷의)칼라, 깃
>
> Could you *remove dirt on the **collar**?
> 옷깃의 때를 *제거해 주시겠습니까?

7. **hang** [hæŋ] [행]

> 동 걸다, 매달(리)다
>
> **Hang** your suit in the *wardrobe.
> *옷장에 양복을 걸어요.

8. **adapt** [ədǽpt] [어댑ㅌ]

> 동 적응하다
>
> It will take a while to **adapt** to city life.
> 도시 생활에 적응하는 데 시간이 좀 걸릴 것이다.

9. **spare** [spεər] [스페어~]

> 형 남는 명 여분
>
> Are there any **spare** tickets?
> 남은 표가 있습니까?

10. **prior** [prάiər] [프라이어~]

> 형 사전의
>
> Is it the same as the **prior** one?
> 이전 것과 같습니까?

Self Evaluation : 빈칸에 알맞은 단어를 쓰세요.

1. This job brings good [   ]s.
   이 일은 **급여**가 괜찮다.

2. His bike ran into a [   ] object.
   그의 자전거가 **단단한** 물체에 부딪혔다.

3. Dinner will be served with [   ].
   차와 함께 저녁 식사가 제공될 것입니다.

4. Please be [   ]ed here.
   이 곳에 **앉아** 주시기 바랍니다.

5. Please pull up the [   ] to the front.
   의자를 앞쪽으로 당겨 주세요.

6. *White [   ] workers often visit here.
   *사무실 **직원**들이 이곳에 자주 방문한다.

7. His private *stuff is [   ]ing on the wall.
   그의 개인 *물품이 벽에 **걸려** 있다.

8. We [   ]ed to our new office very soon.
   우리는 새 사무실에 곧 **적응했다**.

9. I don't have any [   ] cash.
   내게 **남은** 현금이 없다.

10. We need a [   ] meeting for it.
    그 일을 위해 **사전** 회의가 필요합니다.

👉 Self Test : 뜻을 아는 단어에 ☑ 표시하세요.

□ 1. **construct**
When was the park *construct*ed?

□ 2. **row**
sit in a *row* in a waiting room

□ 3. **mode**
Your *mode* of communication is wrong.

□ 4. **crack**
The plate fell and *crack*ed.

□ 5. **schedule**
His arrival was behind *schedule*.

□ 6. **devil**
Who will be a *devil* in the play?

□ 7. **imply**
It is *imply*ing the value of this map.

□ 8. **send**
Please *send* it to me by air mail.

□ 9. **former**
I don't know the *former* owner.

□ 10. **odd**
It's an *odd* combination.

Learn : 모르는 단어 위주로 학습하세요

1. **construct** [kənstrʌ́kt] [컨ㅅ트러크트]

통건설하다, 구성하다

construct a dam (a *bridge)
댐을(다리를) 건설하다. *2-Day1

2. **row** [rou] [로우]

명줄, 열 통노를 젓다

We *row*ed a boat across the lake.
우리는 호수 건너편으로 배를 저었다.

3. **mode** [moud] [모우드]

명방식, 유형

switch my phone to silent *mode*
전화기를 무음 방식으로 바꾸다

4. **crack** [kræk] [크랙ㅋ]

통갈라지다 명틈, 날카로운 소리

There's a *crack* in the *bowl.
그릇에 금이 갔다. *1-Day20

5. **schedule** [skédʒuːl] [스케줄]

명일정 통일정을 잡다

They are following a tight *schedule*.
그들은 빡빡한 일정대로 따라가고 있다.

6. **devil** [dévl] [데블]

명 악마

Speak of the *devil*.
[속담] 호랑이도 제 말하면 온다. (=악마 이야기에 악마가 온다)

7. **imply** [implái] [임플라이]

동 암시하다

It *implies* his great *potential. *1-Day56
그것은 그의 대단한 가능성을 암시한다.

8. **send** [send] [쎈드]

동 보내다, 발송하다

I'm *send*ing you an *attached file.
*첨부 파일을 보내 드립니다.

9. **former** [fɔ́:rmər] [포~머~]

형 예전의, 이전의

I need *former* data.
이전 자료들이 필요합니다.

10. **odd** [ad] [아드]

형 이상한, 특이한, 홀수의(odd number : 홀수)

Something *odd* is happening.
이상한 일이 일어나고 있다.

Self Evaluation : 빈칸에 알맞은 단어를 쓰세요.

1. When was the park [   ]ed?
   그 공원이 언제 건설되었습니까?

2. sit in a [   ] in a waiting room
   대기실에서 한 줄로 앉다.

3. Your [   ] of communication is wrong.
   당신의 의사소통 방식은 옳지 않다.

4. The plate fell and [   ]ed.
   접시가 떨어져서 깨졌다.

5. His arrival was behind [   ].
   그의 도착이 일정보다 늦어졌습니다.

6. Who will be a [   ] in the play?
   연극에서 누가 악마 역할을 하게 되죠?

7. It is [   ]ing the value of this map.
   그것은 이 지도의 가치를 암시하고 있다. (높은 가치를 의미한다)

8. Please [   ] it to me by air mail.
   항공편으로 보내주십시오.

9. I don't know the [   ] owner.
   나는 예전 주인을 알지 못한다.

10. It's an [   ] combination.
    이상한 조합이다.

Self Test : 뜻을 아는 단어에 ☑ 표시하세요.

□ 1. **quantity**
The *quantity* of materials is enough.

□ 2. **shop**
The *shop* has a glass sign.

□ 3. **score**
I don't want an even *score*.

□ 4. **oath**
The witness took an *oath*.

□ 5. **stomach**
Alcohol is not good on an empty *stomach*.

□ 6. **evening**
I'm on duty this *evening*.

□ 7. **shut**
Please check if all the windows are *shut*!

□ 8. **recover**
He will soon *recover* from his injury.

□ 9. **informal**
It's an *informal* meeting about our vacation.

□ 10. **neat**
The *front desk is *neat*ly organized.

Learn : 모르는 단어 위주로 학습하세요

1. **quantity** [kwántəti] [콴터티]

　명 양, 수량

　Please check the wrong *quantity*!
　틀린 수량 점검 부탁합니다.

2. **shop** [ʃap] [샾]

　명 가게, 상점 동 (물건을)사다, 쇼핑하다

　I started working in a record *shop*.
　나는 음반 가게에서 일을 시작했다.

3. **score** [skɔ:r] [스코~]

　명 점수 동 득점을 올리다

　try to improve (my) *score*s
　점수를 향상시키기 위해 노력하다

4. **oath** [ouθ] [오우쓰]

　명 맹세, 선서

　Repeat the *oath* after the speaker.
　사회자를 따라 맹세하십시오.

5. **stomach** [stʌ́mək] [스터먹ㅋ]

　명 배, 복부, 위

　I was late for work due to a *stomach* pain.
　배가 아파서 직장에 지각을 했다.

6. **evening** [íːvniŋ] [이브닝]

명저녁

My flight leaves in the *evening*.
내가 탈 비행기는 저녁에 떠난다.

7. **shut** [ʃʌt] [셭ㅌ]

동닫다 형닫힌

The server was *shut* down for a while.
서버가 잠시 닫혔어요.

8. **recover** [rikʌvər] [리커버~]

동회복하다, 되찾다

You'll *recover* your sight soon.
곧 시력을 회복하실 것입니다.

9. **informal** [infɔ́ːrməl] [인포~멀]

형비공식의, 허물없는

He paid an *informal* visit to the city.
그는 그 도시를 비공식으로 방문했다.

10. **neat** [niːt] [니일ㅌ]

형단정한, 깔끔한

You look *neat* in your blue jacket.
파란색 상의를 입으니 단정해 보입니다.

✎ **Self Evaluation** : 빈칸에 알맞은 단어를 쓰세요.

1. The _____ of *materials is enough.
   *재료의 양은 충분하다.

2. The _____ has a glass *sign. *2-Day3
   그 상점은 유리*간판을 달았다.

3. I don't want an even _____ .
   나는 동점을 원하지 않는다.

4. The *witness took an _____ .
   *증인은 선서를 했다.

5. Alcohol is not good on an empty _____ .
   빈 속에 술은 좋지 않다.

6. I'm on duty this _____ .
   오늘 저녁에 근무가 있습니다.

📝 **Tip!**
* if : '~인지 아닌지'를
의미하기도 합니다.

7. Please check *if all the windows are _____ !
   창문들이 모두 닫혀*있는지 점검해 주세요.

8. He will soon _____ from his injury.
   그는 곧 부상에서 회복될 것입니다.

9. It's an _____ meeting about our vacation.
   휴가에 관한 비공식 모임입니다.

10. The *front desk is _____ ly organized.
    *접수 창구가 말끔하게 정돈되어 있다.

Self Test : 뜻을 아는 단어에 ☑ 표시하세요.

□ 1. **penalty**
   A *penalty* was imposed on him for drunk driving.

□ 2. **finance**
   He is engaged in the *finance* industry.

□ 3. **departure**
   He put off his *departure*.

□ 4. **bill**
   This *bill* is due on December 15.

□ 5. **mess**
   Let's clean up the *mess*!

□ 6. **neck**
   design the *neck* of the sweater

□ 7. **specify**
   Please *specify* its size on the order form.

□ 8. **relate**
   My job is not *relate*d to art.

□ 9. **calm**
   Please *calm* down!

□ 10. **hero**
   the *hero* in the academic field

Day
59

Learn : 모르는 단어 위주로 학습하세요

1. **penalty** [pénəlti] [패널티]

> 명 처벌, 벌금
>
> I'm against the death *penalty*.
> 나는 사형제에 반대한다.

2. **finance** [fáinæns] [파이낸쓰]

> 명 재원, 재무
>
> He is an expert in *finance*.
> 그는 재무 전문가이다.

3. **departure** [dipá:rtʃər] [디파~처~]

> 명 출발
>
> check the time of (one's)*departure*
> 출발 시간을 점검하다.

4. **bill** [bil] [빌]

> 명 계산서, 법안 통 청구하다
>
> Our *bill*s were all paid.
> 청구된 요금은 모두 지불되었습니다.

5. **mess** [mes] [매쓰]

> 명 엉망인 상황 통 엉망으로 만들다
>
> He *mess*ed up our party.
> 그가 우리의 파티를 엉망으로 만들었어요.

6. neck [nek] [넥ㅋ]

명목

Prepare V-*neck*ed shirts, please.
V형 테두리의 셔츠들을 준비해 주세요.

7. specify [spésəfài] [스페쓰파이]

동(구체적으로)명시하다

This map didn't *specify* the locations.
이 지도는 장소를 명확하게 명시하지 않았다.

8. relate [riléit] [릴레이트]

동관련시키다, 연관되다

These two ideas are *relate*d to each other.
이 두 가지 생각들은 서로 관련이 있다.

9. calm [ka:m] [카암]

형침착한, 차분한 명평온

It was a *calm* and peaceful night.
조용하고 평화로운 밤이었습니다.

10. hero [híərou] [히어로우]

명영웅, (남자)주인공

remember (treat) him as a *hero*
그를 영웅으로 기억하다(대접하다).

Day
59

Self Evaluation : 빈칸에 알맞은 단어를 쓰세요.

1. A [   ] was imposed on him for drunk driving.
   음주 운전으로 그는 처벌을 받았다. (그에게 처벌이 주어졌다)

2. He is *engaged in the [   ] *industry.
   그는 금융 산업에 종사하고 있다. *²-day4 /*¹-Day40

3. He put off his [   ].
   그는 출발을 미루었다.

4. This [   ] is due on December 15.
   이 고지서의 지불 기한은 12월 15일이다.

5. Let's clean up the [   ]!
   엉망인 상황 정돈 좀 합시다!

6. design the [   ] of the sweater
   스웨터의 목 부분을 디자인하다

7. Please [   ] its size on the order form.
   주문서에 치수를 명시해 주시기 바랍니다.

8. My job is not [   ]d to art.
   내 일은 예술과는 관련이 없다.

9. Please [   ] down!
   제발 침착하세요.

10. the [   ] in the academic field
    학계의 영웅

👉 **Self Test** : 뜻을 아는 단어에 ☑ 표시하세요.

☐ 1. **tooth**
have my *tooth* (treated/ filled)

☐ 2. **sink**
install a kitchen *sink*

☐ 3. **tone**
How about different *tone*s of pink?

☐ 4. **hole**
The wine was kept in a big *hole*.

☐ 5. **garage**
My car is in the basement *garage*.

☐ 6. **tank**
He emptied the water *tank*.

☐ 7. **reflect**
Their opinion was *reflect*ed in the system.

☐ 8. **argue**
We have no time for *argu*ing.

☐ 9. **rub**
He *rub*bed against the blackboard.

☐ 10. **practical**
give *practical* advice about job

Day
60

Learn : 모르는 단어 위주로 학습하세요

1. **tooth** [tu:θ] [투우쓰]

명이, 치아

My *tooth* is aching now.
지금 내 이가 아파요.

2. **sink** [siŋk] [씽크]

동가라앉다(앉히다), 나아지다, 명개수대

A car is *sink*ing due to the flood.
홍수로 차가 잠기고 있다.

3. **tone** [toun] [토운]

명어조, (글, 색 등의)분위기, 음조

speak in a low (*serious) *tone* *²-Day5*
*낮은(심각한) 어조로 말하다

4. **hole** [houl] [호울]

명구멍, 허점, (골프)홀

She *was defeated by two *hole*s.
그녀는 두 홀 차이로 *졌다.

5. **garage** [gərɑ́:dʒ] [거**라**아지]

명차고, 정비소

book a car at the *garage*
정비소에 차를 예약하다

6. **tank** [tæŋk] [탱크]

명통, 수조

The *tank* needs to be filled.
그 탱크는 채워질 필요가 있다. (탱크를 채워야 한다.)

7. **reflect** [riflékt] [리플렉트]

동(상을)비추다, 반영하다

The light was *reflect*ed in the river.
불빛이 강물에 반사되었다.

8. **argue** [áːrgjuː] [아~규]

동언쟁(말다툼)하다

argue over the *ownership of a building
건물의 *소유권을 두고 언쟁하다.

9. **rub** [rʌb] [럽]

동문지르다

He *rub*bed the dust off.
그는 먼지를 비벼 털어냈디

10. **practical** [prǽktikəl] [프랙티컬]

형현실적인, 실용적인

practical gifts for customers
고객들을 위한 실질적인 선물

✏ **Self Evaluation** : 빈칸에 알맞은 단어를 쓰세요.

1. have my [　　　　　] (treated/ filled)
   이를 치료받다 / 때우다

2. install a kitchen [　　　　　]
   주방용 싱크대를 설치하다

3. How about different [　　　　　]s of pink?
   좀 다른 분위기의 분홍색 계열은 어때요?

4. The wine was kept in a big [　　　　　].
   와인은 커다란 구멍이에 저장되었다.

5. My car is in the basement [　　　　　].
   내 차는 지하 차고에 있습니다.

6. He emptied the water [　　　　　].
   그는 물통을 비웠다.

7. Their opinion was [　　　　　]ed in the system.
   그들의 의견이 제도에 반영되었다.

8. We have no time for [　　　　　]ing.
   우린 논쟁할 시간이 없습니다.

9. He [　　　　　]bed against the blackboard.
   그는 칠판을 문질러 닦았다.

10. give [　　　　　] advice about job
    일에 대한 실질적인 조언을 주다

☼ Self Evaluation : 뜻을 아는 단어에 ☑ 표시하세요.

☐ 1 wage	☐ 18 send	☐ 35 mess
☐ 2 solid	☐ 19 former	☐ 36 neck
☐ 3 tea	☐ 20 odd	☐ 37 specify
☐ 4 seat	☐ 21 quantity	☐ 38 relate
☐ 5 chair	☐ 22 shop	☐ 39 calm
☐ 6 collar	☐ 23 score	☐ 40 hero
☐ 7 hang	☐ 24 oath	☐ 41 tooth
☐ 8 adapt	☐ 25 stomach	☐ 42 sink
☐ 9 spare	☐ 26 evening	☐ 43 tone
☐ 10 prior	☐ 27 shut	☐ 44 hole
☐ 11 construct	☐ 28 recover	☐ 45 garage
☐ 12 row	☐ 29 informal	☐ 46 tank
☐ 13 mode	☐ 30 neat	☐ 47 reflect
☐ 14 crack	☐ 31 penalty	☐ 48 argue
☐ 15 schedule	☐ 32 finance	☐ 49 rub
☐ 16 devil	☐ 33 departure	☐ 50 practical
☐ 17 imply	☐ 34 bill	

배운 단어를 얼마나 기억하세요? 정답은 322page 참조
• 맞은 갯수 30개 이하: 수고하셨어요. 한 번만 더 복습^^
• 맞은 갯수 30개 이상: OK! 어려운 단어 복습
• 맞은 갯수 40개 이상: Very Good!!

🔑 Self Evaluation : 빈칸을 채워 보세요.

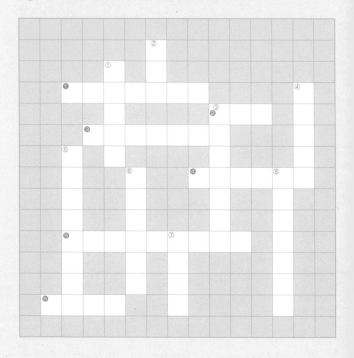

[세로열쇠]
①solid ②tea ③recover ④chair ⑤schedule ⑥relate ⑦tank
⑧evening

[가로열쇠]
❶stomach ❷row ❸finance ❹former ❺departure ❻send

[세로열쇠]

① His bike ran into a ⬜ object.

② Dinner will be served with ⬜.

③ He will soon ⬜ from his injury.

④ Please pull up the ⬜ to the front.

⑤ His arrival was behind ⬜.

⑥ My job is not ⬜d to art.

⑦ He emptied the water ⬜.

⑧ I'm on duty this ⬜.

[가로열쇠]

❶ Alcohol is not good on an empty ⬜.

❷ sit in a ⬜ in a waiting room

❸ He is engaged in ⬜ industry.

❹ I don't know the ⬜ owner.

❺ He put off his ⬜.

❻ Please ⬜ it to me by air mail.

Self Evaluation : 뜻 해석

1 임금, 급료	18 보내다, 발송하다	35 엉망인 상황
2 단단한, 고체의	19 예전의, 이전의	36 목
3 차	20 이상한, 특이한	37 (구체적으로)명시하다
4 자리, 좌석, 앉히다	21 양, 수량	38 관련시키다, 연관되다
5 의자	22 상점, 쇼핑하다	39 침착한, 차분한
6 (윗옷의)칼라, 깃	23 점수	40 영웅
7 걸다, 매달다	24 맹세, 선서	41 이, 치아
8 적응하다	25 배, 복부, 위	42 가라앉다, 개수대
9 남는	26 저녁	43 어조, 음조
10 사전의	27 닫다, 닫힌	44 구멍, 허점
11 건설하다, 구성하다	28 회복하다, 되찾다	45 차고, 정비소
12 줄, 열	29 비공식의	46 통, 수조
13 방식, 유형	30 단정한, 깔끔한	47 (상을)비추다, 반영하다
14 갈라지다, 틈	31 처벌, 벌금	48 언쟁(말다툼)하다
15 일정	32 재원, 재무	49 문지르다
16 악마	33 출발	50 현실적인, 실용적인
17 암시하다	34 계산서, 청구하다	

영단어 기본 다지기 ┃ Level 2

부록

appendix

Level 2 [부록] 주제별 단어장

– 필요에 따라 활용하시기 바랍니다.

학교 (school)	
수강신청을 하다	sign up for a class
결석하다	be absent from a class
다니다	attend the school
입학하다	enter a school
졸업하다	graduate from the school
지각하다	be late for school
수업 (class)	
수업을 듣다	attend a class
숙제를 하다	do homework
시험을 치르다	take a test
시험공부를 하다	study for an exam
객관식 문제	multiple choice questions
단답형(주관식) 문제	short answer questions
(상대평가/절대평가)로	on (a curve /an absolute scale)
기타(etc.)	
학기	semester
보강	make-up class
수업료	tuition fee
장학금	scholarship
모범생	a model student
성적증명서	transcript
졸업증서	diploma
2년 (선배/후배)이다	He is 2 years my (senior/junior).

장소 (places)	
미용실	beauty shop
PC방	internet café
경찰서	police station
공인중개소	real estate agency
관리실	maintenance(janitor's) office
매표소	ticket booth/agent
문구점	stationary shop
백화점	department store
분식집	snack bar
빨래방	laundromat
세탁소	dry cleaner's
여행사	travel agency
영화관	movie theater
우체국	post office

교통,왕래 (traffic / going somewhere)	
왕래 (going somewhere)	
운전해서 직장에 가다	drive to work
걸어서 (학교/직장)에 가다	walk to (school/work)
10분 걸린다	It takes 10 minutes.
~를 차에 태우다	pick ~ up
운전해서 집에 데려다 주다	drive (me) home
배웅하다	see ~ off
마중 나가다	go to meet ~
지금 출발합니다.	I'm leaving now.
지름길	shortcut
도로 (on the road)	
모퉁이를 돌아	around the corner
교차로에서	at the crossroad
교통체증	traffic jam
길 건너편에	across the road
길을 건너다	cross the street
(우/좌)회전하다	turn (right / left)
음식점 옆에	next to the restaurant
이곳에 내려주세요	Let me off here.
자동차 충돌사고	a car crash
직진하다	go straight
횡단보도	crosswalk
대중교통 (public transportation)	
전철(버스/기차/택시)를 타고	by subway (bus / train/ taxi)
비행기로	by airplane
택시를 부르다	call a taxi
(버스/기차) 정류소	(bus/train) station
버스를 놓치다	miss the bus
버스에 타다	get on a bus
버스에서 내리다	get off a bus
10분마다 버스가 온다	The buses run every 10ms.
목적지	destination
편도 승차권	one way ticket
왕복 승차권	a return(=round trip) ticket

날씨 기상 (weather)	
이슬비 내리는	drizzling
날이 개었다	It cleared up.
눈이 내리는	snowy
맑은/흐린	clear, sunny / cloudy
바람이 부는	windy
비가 오는	rainy
습한	damp, humid
안개 낀	foggy
천둥/번개	thunder / lightening
추운,쌀쌀한/찌는 듯이 더운	cold, chilly / steaming hot
일기예보를 확인하다	check the weather forecast

운동 / 취미 (sports / hobbies)	
운동하다	exercise, work out
등산하다	go hiking
산책하다	take a walk
수영하러 가다	go swimming
스키 타러 가다	go skiing
조깅하다	go jogging
헬스클럽	gym, fitness center
그림 그리기	drawing, painting
글쓰기	writing
낚시하러 가다	go fishing
독서	reading
사진 찍기	taking pictures
수공예	handicraft

병원 (hospital)	
예방 접종하다	inoculate
건강검진을 받다	get a check-up
의사와 상담하다	consult the doctor
입원하다	be hospitalized
주사를 맞다	get (an injection)a shot
처방을 받다	get a prescription
체온을 재다	take one's temperature
치료를 받다	get treatment
해열제	antifebrile
알약	pill
처방전 없이 구매 가능한 약	over-the-counter drug

사고 (accident)	
(발목)을 삐다	sprain my (ankle)
(손)이 아프다	(My hand) hurts.
(손)을 다쳤다	hurt (my hand)
~에 부딪히다	hit~ (or) run against~
(다리)에 부상을 입다	(My leg) is injured.
기부스를 하다	wear a cast
기절하다	faint
넘어지다	fall
다리가 부러지다	break a leg
물에 빠지다	be drowned
손가락을 베다	cut my finger
타박상을 입다	be bruised
화상을 입다	get burned

증상 (symptom)	
식중독	food poisoning
온 몸이 아프다	My body aches all over.
~에 알레르기가 있다	I'm allergic to ~
두드러기	rash
절뚝거리다	hobble
쥐가 나다	have a cramp
코를 골다	snore
재채기하다	sneeze
기침하다	cough

속이 불편함(feel sick)	
열이 난다	have a fever
구역질 나는	nauseous
구토하다	vomit, throw up
메스껍다	feel sick
소화불량	indigestion
어지럽다	feel dizzy
(차멀미/뱃멀미)을 하다	get (carsick / seasick)

기타 (etc.)	
구급상자	first-aid kit
약을 먹다	take medicine
호전되다	feel better
시차를 겪다	have jet leg

영단어 기본 다지기 I Level 2

INDEX / ABC